Ensaios de um Percurso

Coleção Estudos
Dirigida por J. Guinsburg

Equipe de realização – Edição de Texto: Luiz Henrique Soares; Revisão: Lilian Miyoko Kumai; Sobrecapa: Sergio Kon; Produção: Ricardo W. Neves, Raquel Fernandes Abranches, Sergio Kon, Elen Durando e Luiz Henrique Soares.

Esther Priszkulnik

ENSAIOS DE UM PERCURSO
ESTUDOS E PESQUISAS DE TEATRO

ORGANIZAÇÃO E NOTAS:
J. GUINSBURG E LUIZ HENRIQUE SOARES

CIP-Brasil. Catalogação-na-Fonte
Sindicato Nacional dos Editores de Livros, RJ

P955e

Priszkulnik, Esther
    Ensaios de um percurso : estudos e pesquisas de teatro /
Esther Priszkulnik ; organização e notas: J. Guinsburg e Luiz
Henrique Soares. – São Paulo : Perspectiva, 2013.
    il.   (Estudos ; 306)

    Apêndice
    Inclui bibliografia
    ISBN 978-85-273-0965-3

    1. Teatro iídiche – História e crítica. I. Guinsburg, J. (Jacó),
1921-. II. Soares, Luiz Henrique. III. Título. IV. Série.

12-7064.   CDD: 792
                  CDU: 792

28.09.12   16.10.12   039513

Direitos reservados à
EDITORA PERSPECTIVA S. A.

Av. Brigadeiro Luís Antônio, 3025
01401-000 São Paulo SP Brasil
Telefax: (011) 3885-8388
www. editoraperspectiva. com. br

2013

Sumário

Nota da Edição. VII

De Arte, Escritos e Permanência – *Sônia Azevedo*. IX

No Palco do Ídiche: Um Prefácio – *J. Guinsburg e
Luiz Henrique Soares*. XV

PARTE I:
ENSAIOS

Correntes Artísticas Precursoras do Novo Teatro 3

No Encalço de um Novo Teatro: Meierhold 15

PARTE II:
PROJETO DE UMA ENCENAÇÃO

Do Espaço Cênico e dos Figurinos da Peça *O Homem
e o Cavalo,* de Oswald de Andrade, Segundo a Concepção
de Meierhold na Fase Construtivista 33

Imagens de *O Homem e o Cavalo* 37

PARTE III:

O TEATRO ÍDICHE EM SÃO PAULO

Breve Histórico da Pesquisa Sobre o Teatro Ídiche
em São Paulo 79

Introdução 81

O Teatro Ídiche no Contexto da Corrente Migratória
Judaica em São Paulo 85

Panorama do Teatro Ídiche em São Paulo
de 1913 a 1970 93

Retratos de Atores do Teatro Ídiche em São Paulo 143

Síntese Quantitativa 163

ANEXO 1: Estatísticas 167

ANEXO 2: Fichas da Pesquisa 189

Bibliografia 205

Imagens: A Cidade de São Paulo e o Teatro Ídiche 209

Breve Nota Biográfica 239

Nota da Edição

A presente edição dos trabalhos de Esther Priszkulnik baseia-se principalmente em textos apresentados no curso de Pós-Graduação, no Departamento de Artes Cênicas da ECA-USP, e na dissertação de mestrado apresentada na FFLCH-USP sob a orientação de J. Guinsburg que, revistos e editados pelo próprio J. Guinsburg e por Luiz Henrique Soares, objetivam fornecer subsídios ao leitor para uma melhor compreensão do histórico do teatro ídiche em São Paulo, bem como da percepção criativa que, em decorrência de seus estudos, a autora teve do teatro de Oswald de Andrade e da forma criativa como ela concretizou essa abordagem na sua proposta cenográfica de *O Homem e o Cavalo*. Os dados da pesquisa foram coletados em diferentes arquivos de instituições teatrais e jornais e, em virtude disso, optou-se por manter a grafia dos títulos das peças e dos nomes tais como foram registrados, salvo no caso de autores consagrados, cabendo observar a diferença que o leitor poderá perceber entre uma e outra notação.

Agradecemos especialmente a Hugueta Sendacz, ao Icib e a Milton Cipis pela pela inestimável colaboração e pela cessão das imagens.

De Arte, Escritos e Permanência

Esther Priszkulnik, em seu livro-pesquisa, revela ao leitor diferentes paisagens por onde conduzir a imaginação. São paisagens de tempos e lugares tão diferentes que a leitura se faz sem interrupções, como numa viagem em que a cada dia estamos chegando a novo local e nova cultura.

A leitura se compõe de três partes distintas que parecem, a princípio, tratar de assuntos diversos. A primeira parte trata das "Correntes Artísticas Precursoras do Novo Teatro", numa ampla pesquisa da história da arte que caminha desde o impressionismo, passando pelo cubismo, futurismo, cubofuturismo, até chegar ao construtivismo e, muito especialmente, ao assunto que ela coloca como principal alvo de interesse e especulação no ensaio chamado "No Encalço de um Novo Teatro: Meierhold".

Esse trajeto, bastante didático e informativo, vai desenhando as preocupações da autora e nos mostrando seu foco de pesquisa com muita clareza: ela está investigando as origens de seu principal objeto de estudo, assim como quem sente a necessidade de mesclar exatamente o percurso de uma viagem a um desejo que lentamente se insinua e que só será descoberto mais tarde pelo leitor.

E é assim que somos transportados ao novo teatro e a Meierhold, quando então a autora nos surpreende ao revelar alguns pressupostos do teatro moderno e ao colocá-los junto às concepções do teatro futurista, especialmente aqueles tocantes à cenografia e à simultaneidade de ações.

A cena meierholdiana, ao tornar-se mais dinâmica e colorida, através da incorporação do circo e do *music-hall*, integra também de modo vivo esse "desenho animado do palco" com a utilização de uma maquinaria útil e feita para atender ao ator em sua cada vez mais liberta corporeidade. Seguem-se estudos da autora sobre alguns espetáculos e sobre os antecedentes construtivistas que se incorporaram à nova estética teatral. Essa revolução na cena atingiu também a interpretação com a criação do método da biomecânica, que preparava um novo ator para um novo teatro; um ator que possuísse formas nítidas de atuação e ritmo, além de disposição corpórea incomum.

A segunda parte do livro chama-se "Projeto de uma Encenação", e apresenta primorosos estudos da autora sobre o espaço cênico e figurinos idealizados para o texto *O Homem e o Cavalo,* de Oswald de Andrade. Esse projeto parte de seus estudos meierholdianos e de todos os conceitos investigados até então, aliados aos conceitos de um novo teatro. Antes de nos apresentar sua obra, a autora pontua e religa conceitualmente o que criou a diversas raízes e referências anteriores, tanto as do mundo da pintura quanto as advindas da escultura, evidenciando que sua criação teve um pensamento/tratamento construtivista.

É nesse momento que o leitor sai de um percurso mais ou menos teórico e é subitamente tocado pelas imagens e desenhos criados, tendo a certeza de que a arte, porque é arte o que a autora nos mostra, com seu poder de síntese, consegue uma comunicação que transcende o que pode ser dito e explicado através das palavras.

É aí que o trabalho solicita ao leitor uma leitura que deve se realizar sob outro ponto de vista, um ponto de vista como que poético, entremeado a muitas outras novas formas que o olhar busca, enquanto se detém nos traços e nas cores de cada esboço, em suas ricas e pertinentes informações. De muitos modos também o olhar, tornado reflexivo, necessária e espontaneamente vaga seus pensares pela história da humanidade, seus acontecimentos, seus momentos difíceis, passando pela crítica histórica e pelas referências fornecidas no decorrer do livro.

É como que se a artista captasse todas as intenções do texto de Oswald, a proposta cênica do novo teatro de Meierhold e então, de posse desses dois mundos, avançasse com suas próprias respostas a tantas indagações. Os desenhos são inquietantes e ousados, tanto em traço quanto em cor, enquanto trazem ao nosso olhar as preocupações políticas do escritor com seus personagens-tipos que condenam os regimes totalitários e o momento histórico pelo qual se passava então.

O guarda-roupa cênico, extremamente criativo, é obra de arte em si mesmo e cerca nosso olhar de trajes multicoloridos que contêm, por um lado, a provocação da leveza e da comicidade e, por outro, uma crítica voraz e ardente, quase violenta. Estão ali. São como o texto: um ato de rebeldia, de constatação, de afirmação da liberdade de pensar e de assumir claras posições no mundo. Nesse momento, o projeto se amplia para uma rede tecida de múltiplos significados, ou, dito de outra maneira, cria uma rede significante que interage direta e agudamente com o leitor.

Os desenhos propõem um diálogo ao qual não conseguimos nos furtar, pois somos por eles capturados, e é exatamente nesse instante que divagamos sobre as coisas desse universo apresentado, como viajantes em busca de sentido. Se, por um lado, a proposta de Esther Priszkulnik liga-se estreitamente aos seus estudos, conhecimentos históricos e conceituais, por outro, ousa voar mais longe, dando uma contribuição maior, como que uma parte de si, talvez impensada, mas intuída e necessária, ao que poderia ser apenas um estudo acadêmico.

Ela recria o mundo visto e estudado e se coloca inteira, com seu próprio e único pensar sobre as coisas refletidas e apreendidas. Os figurinos são arrojados e belíssimos, mas, mais que isso, nos informam sobre a artista que, em algum momento de sua vida, capturou algo que nunca havia sido dito nem pensado desse modo. E isso é o mais emocionante de tudo: a unicidade do ser humano entregue a um trabalho que vai muito além da sua própria vida. Algo que se prolonga e avança em outras épocas.

Assim como acontece com os figurinos, também seu projeto cênico é uma estrutura que tem possibilidade de acolher todas as múltiplas necessidades de uma encenação difícil e de variados graus de complexidade, dando grande liberdade ao encenador e aos atores. O palco desenha-se em prolongamentos e passagens para as inusitadas movimentações cênicas que, se por um lado podem clarear nossa compreensão, ao mesmo tempo provocam novas e ambíguas interpretações.

No terceiro tempo deste livro, nos deparamos com a história e os registros do teatro ídiche em São Paulo, um teatro feito por e para imigrantes, numa época em que o nazismo ascende e uma nova guerra está a caminho. Uma pausa comovida. Nesse momento, e talvez em todos os momentos duros pelos quais passa a humanidade ou quando chega a escuridão, se faz teatro, é necessário continuar a fazer teatro. Talvez sempre se precise fazer arte, porque fazer e receber arte são também formas de luta e sobrevivência.

E então se fica sabendo que o teatro ídiche, acontecido entre os anos de 1930 e 1960 foi um teatro amador, criado e desenvolvido por um desejo imprescindível de fala, de manutenção de valores e crenças, de diálogo com seus pares, numa luta pela preservação e por espaços culturais que são uma espécie de chão desse povo, pois se cultura e sobrevivência andam juntas, a arte reflete a fala de um povo, suas histórias e seus caminhos pela terra. E ficamos sabendo então que houve um tempo assim de um movimento teatral intenso em São Paulo, comprometido e envolvente, com anos e anos de intensa difusão cultural para plateias cativas e lotadas. Com divulgação boca a boca, na porta das lojas e das escolas.

Fica nas histórias, nos desenhos, no teatro e nas danças que ainda são ensinadas tudo que corre o risco de ser perdido, de ficar pelo caminho para o nunca mais. O que permanece, nesse mundo mutante e instável, permanece na arte, em todas as artes, até mesmo na perecível arte do teatro.

E permanece também nos livros. E, muito especialmente, em livros como este, onde histórias muito vivas estão guardadas e onde se preserva uma parte da História.

Penso, enquanto folheio mais uma vez o trabalho da autora, sobre a profunda importância dos registros. Penso também na

DE ARTE, ESCRITOS E PERMANÊNCIA   XIII

arte do teatro enquanto arte passageira, que não fica, a não ser em partes de si mesma, títulos, velhas fotos, maquetes de cenários, textos e roteiros, rastros que nunca poderão recompor o todo com o qual foi apresentada um dia: o espetáculo em si mesmo. Penso nesse fenômeno que se desvanece velozmente para se tornar história, se esta um dia for contada ou escrita, e que só se mantém nas sucessivas memórias dos que viveram o tempo de sua existência.

E me emocionam os títulos dos espetáculos, os nomes dos textos e dos atores ressoando fortes na distância de décadas de história impregnados, ainda, da vida dos palcos. Imagino os que já partiram deixando seus nomes inscritos nesse registro, compilado com tanto trabalho e delicadeza, e que agora serão preservados para o futuro, prontos para serem estudados e citados em outras pesquisas, retomados, relembrados, revividos.

Penso na vida que mora nos registros do que já se foi. Penso na recuperação de perdas, de outra maneira irrecuperáveis, e na preservação desses fatos para o futuro, para outras pesquisas, outras descobertas de outros pesquisadores.

Quero pensar no significado de um teatro feito por imigrantes para imigrantes. Um modo de se sentir em companhia de seus pares, daqueles que comungam a mesma fé e, talvez, as mesmas esperanças, como modo de afastar o medo e a solidão de um novo lugar, de uma nova pátria, de novos desafios, de uma imensidão de coisas novas por aprender e compartilhar. E o medo de perder suas raízes e sua cultura. Quero entender esse ato específico de fazer teatro realizado por e para uma comunidade específica como forma não só de espairecer o espírito do cansaço do trabalho do dia a dia, mas como necessidade básica trazida de longe para a terra estrangeira, como necessidade da alma.

Em meu doutorado, defendido em 2005, no Departamento de Artes Cênicas da ECA-USP, e com o mesmo orientador, detive-me longamente no estudo e registro de um teatro popular como fala construída em diversas cidades e bairros, de teatros cujo significado passa tão próximo da vida de seus lugares e da comunidade em que estão inseridos que suas questões são tratadas e retratadas, vividas e retomadas, como ecos de um grupo que se recusa a esquecer de onde vem e da cultura que deseja preservar. Sendo assim o teatro, que propicia um lugar de encontro, um espaço de troca e ritual de permanência, é, também, socialmente ideal e necessário.

À ampla pesquisa que teve em J. Guinsburg seu idealizador e orientador, a autora agrega depoimentos que cumprem a função de falas para sempre vivas. A linha histórica que nos é oferecida, iniciada com a chegada dos primeiros judeus e caminha até os nossos dias, ultrapassa, de muito, apenas um bom estudo sobre o teatro ídiche na nossa cidade, mas faz com que o leitor acompanhe fascinado a formação da comunidade judaica em São Paulo *pari passu* com o crescimento e transformação da vida cultural dessa mesma comunidade.

Os jornais constituem um retrato vivo do que, ano a ano, vai sendo consolidado. Chegamos então à década de 1960, quando as representações em ídiche vão diminuindo até quase sua extinção, enquanto a aculturação e a vivência diária de outra língua dão seus frutos inevitáveis: são cada vez mais raros os judeus que dominam o antigo idioma e, portanto, essa plateia também vai se tornando mais e mais diminuta.

Mas, assim como uma perda sempre se faz acompanhar do novo e do imprevisto movimento que o futuro sempre trás, atores egressos dessas companhias, onde se apresentaram por tantos e tantos anos, com uma língua comum apenas à sua comunidade, incorporam-se mais e mais ao teatro brasileiro, adaptam-se a outros costumes e se dão a conhecer para outros brasileiros como brasileiros que efetivamente são, enriquecendo o teatro paulista e nacional.

Sônia Machado de Azevedo
professora da EACH – Escola Superior de Artes Célia
Helena –, artista e pesquisadora das artes da presença

No Palco do Ídiche:
Um Prefácio

O trabalho de Esther Priszkulnik, que a editora Perspectiva disponibiliza ao público, tem, entre outros méritos, o de lançar luz sobre um período de profundas mudanças na linguagem e no fazer teatral – as primeiras décadas do século passado – e sobre o papel importante que o teatro ídiche nele desempenhou, em duas sociedades ao mesmo tempo radicalmente distintas e em acelerado processo de transformação.

A primeira metade do século XX marcou o apogeu do teatro ídiche nesses dois ambientes fundamentalmente distintos: o da Rússia pós-revolucionária, sobretudo Moscou, novamente capital do país e principal palco da efervescência político-cultural da época, com destaque para as inovações em curso no teatro de Meierhold, Vakhtângov, Taírov, Stanislávski – e também a montagem das atrações (Eisenstein)– e outros, realizadas até década de 1930, principalmente; e a São Paulo dos imigrantes, que trouxeram as suas tradições cênicas, teatrais, e não menos, em várias de suas manifestações, elementos de um novo teatro. Justamente a partir dos anos de 1930, a cidade passa por um período de intensas mudanças, não apenas a demográfica, que tivera início na virada do século XIX para o XX, mas marcadamente as culturais e políticas, com os reflexos da Semana de Arte Moderna da década anterior, as Revoluções de 1930 e 1932, a luta ideológica já por si mesma acirrada, como era do espírito da época, e tornada ainda mais intensa pela ascensão do nazifascismo e pela Segunda Guerra Mundial e suas consequências.

Na Rússia, o Iídischer Melukhe Teater (IMT, Teatro Ídiche [Judeu] de Estado), na abreviatura em russo Goset, nome pelo qual se tornou conhecido, de Granóvskie Míkhoels, buscava uma nova linguagem cênica que refletisse e ajudasse, simultaneamente, a engendrar um novo homem e uma nova sociedade. Assim, esse esforço de criação de um "teatro total" constituía um processo voraz que a nada era indiferente:

Cenismo, futurismo, cubofuturismo, expressionismo, construtivismo, engajamento social, teatro político, *agitprop*, centralização diretorial, montagem circense, performance cabaretística, síntese imagístico-musical eram [...] alguns dos ingredientes de um teatro total[1].

Até que o stalinismo desse cabo dele, o Goset foi bem-sucedido em criar um estilo cênico que fazia da plasticidade a "substância do gesto dramático" num amálgama de emoção e forma baseado no teatro ídiche tradicional, que desempenhava um duplo papel nesse processo: fornecia material para a crítica e o contraponto que a nova era fazia a antigas formas de existência, por meio de uma "revisão acusatória do 'passado judeu'"[2]; mas, ao mesmo tempo, esse material propiciava uma teatralidade nova, moderna, associando "uma imagística chagalliana a uma verbalização maiakovskiana, pelo crivo da *Commedia dell'Arte* e do *Purimschpil* [...] veloz na ação, polêmica na linguagem, universal no alcance de sua entranhada especificidade cultural"[3].

Em São Paulo, ocorria um processo de sinais trocados, como bem o demonstra a pesquisa da autora. Na busca de integração em um ambiente novo e em mutação, o teatro ídiche desempenhou aqui, para os imigrantes e a primeira geração, um

---

1 J. Guinsburg, *Aventuras de uma Língua Errante*, p. 316.
2 Idem, p. 325.
3 Idem, p. 322.

NO PALCO DO ÍDICHE: UM PREFÁCIO XVII

papel primordial como forma de reafirmação dessa mesma especificidade cultural, que funcionava concomitantemente como modo de inserção nessa sociedade de caldeamento e transformação, repleta de imigrantes de diversas origens. Além disso, fica patente que, ao passo que as perseguições punham fim à sua existência na Europa, em São Paulo, ao contrário, as apresentações cresciam em número, embora sem se arriscar muito em inovações, atingindo seu apogeu nas décadas de 1930-1950. Torna-se também sensível nesse contexto a intensa participação nos palcos paulistanos de artistas e companhias de teatro argentinos de origem judaica que, assim como muitos outros provenientes da Europa, aqui fizeram longas temporadas.

A existência de uma importante colônia judaica na Argentina foi, inegavelmente, um fator propiciatório para o teatro ídiche brasileiro. Atores e companhias de lá faziam aqui extensas turnês, às vezes chegando mesmo a permanecer por temporadas inteiras, numa intensa atividade que, como pode ser observado pelos dados utilizados pela autora, atingiu seu ápice nos primeiros anos da década de 1950. Nomes como o do tenor argentino Leibele Schwartz, ou de Leiele e Josef Sterling, Cili Teks, Sem Shmilovitch, Aron Aleksandroff, Mische Berenstein, Rosita Londner e Bernardo Sauer, ou ainda como a companhia dos atores argentinos J. M. Varchawski e Meri Marko, às vezes acompanhados de artistas de outras paragens, como a atriz norte-americana Dina Halpern, não apenas ajudavam a atrair o público para os espetáculos, em virtude de sua fama e reconhecido talento, mas ainda agregavam a esse teatro dito amador toda a sua experiência profissional e as novas técnicas teatrais, contribuindo assim, sobremaneira, para o seu aprimoramento.

Impõe-se também à consideração, o forte vínculo entre o teatro e a atividade política, notadamente de esquerda, e as instituições comunitárias. De um lado, o teatro ídiche não era uma atividade apenas de uns poucos abnegados – que sem dúvida existiam –, ele encontrava nas instituições comunitárias o apoio e o seu público-alvo, quando não possuíam elas mesmas seus próprios grupos de teatro amador, como a autora bem enfatiza ao narrar as experiências de vida de alguns desses atores; de outro, ele era um veículo para a atuação política num tempo

XVIII ENSAIOS DE UM PERCURSO

em que isso estava na ordem do dia. Muitos grupos que começaram a fazer teatro se haviam constituído primordialmente por afinidade ideológica, comunista, socialista, sionista ou outra. Não que se tratasse de mero proselitismo, mas na visão da época, como vimos acima, todos os campos de atividade, todas as artes principalmente, e nelas a prática teatral, deviam dar uma resposta aos desafios impostos pelo embate ideológico que tinha como palco central a Europa, além do fato de, após a Revolução de Outubro de 1917 e a ascensão do stalinismo, em 1922, e ainda mais do nazismo, em 1933, tal embate ter sido potenciado por um sentido de urgência diante da perseguição aos judeus na continente europeu, o que se refletiu intensamente após o término da Segunda Guerra Mundial.

Uma das consequências diretas dessa situação, aliás, foi a intensificação da vinda de artistas de grande relevância na cena europeia, fosse em turnês, fosse se radicando na América por algum tempo ou mesmo em definitivo. No caso do Brasil, dois exemplos significativos foram Mark Orenstein, com passagem de destaque pelo Rio de Janeiro, e Jacob Kurlender, que aqui se radicou. Além deles, outras presenças marcantes foram os encenadores poloneses Jacob Rotbaum e Zigmund Turkov, este último criador do Teatro de Arte Israelita (Vikt). O primeiro, um *metteur-en-scène* de feitio meierholdiano, tinha como foco a teatralidade da montagem, e seu estilo de direção era constituído por uma "caracterização da persona como máscara e um toque de grotesco poético"[4]. O segundo, Turkov, mais afeito à estética stanislavskiana e ao texto, partia da "interiorização vivencial da ação pelo intérprete de conformidade com os sentidos e as relações contidos no texto e na sua projeção das personagens"[5]. Ambos, a despeito das diferenças de procedimento e de concepções estéticas, lograram levar os intérpretes amadores com quem trabalharam em São Paulo a desempenhos muito eficazes da perspectiva da economia teatral.

Esses dois exemplos são suficientes para demonstrar que o teatro dito amador, que se praticava nestas plagas, não era alheio às novas concepções teatrais, às orientações e às técnicas mais avançadas do tempo, às quais tinha acesso, principalmente,

4 Idem, p. 446.
5 Idem, ibidem.

no contato, convivência e trabalho com as personalidades importantes da cena europeia que por aqui aportavam. Não lhe faltando ousadia, apesar de eminentemente amador e de sua precariedade circunstancial, o teatro ídiche foi capaz de dar a lume espetáculos de certa relevância estética e cultural, chamando mesmo a atenção da crítica teatral brasileira de então.

Se não buscava a inovação por si só nem empunhava as bandeiras da vanguarda estética, não se pode deixar de assinalar que grandes nomes que fizeram história na cena brasileira, como Berta Loran, Maurício Sherman e Felipe Wagner, por exemplo, passaram por seus palcos, não sendo, pois, de menor relevo, sua importância para a renovação de talentos de nosso teatro.

Dessa forma, se as novas visões cênicas do início do século XX não se furtaram nunca a recuperar a tradição e os textos já consagrados sob a égide da inovação, o trabalho de Esther Priszkulnik também não ficaria completo caso não contemplasse esse aspecto primordial. Daí o exercício, realizado pela autora com ousadia, de criação de um espaço cênico e dos figurinos para a peça *O Homem e o Cavalo* (de 1934), incluído nesta coletânea. Fruto das mais avançadas ideias teatrais então em voga, de caráter artístico e político renovador, a obra de Oswald de Andrade apresenta a história de forma não linear, revelando laços de afinidade com o teatro de Brecht e Meierhold, para citar apenas alguns nomes de proa, tendo sido considerada por alguns como quase impossível de levar à cena, o que, no entanto, se viabilizou graças ao extraordinário desenvolvimento técnico ocorrido no teatro – como bem o demonstra a recente (2008) montagem de José Celso Martinez Correa com o grupo Oficina Uzyna Uzona –, provando tratar-se de uma obra à frente do seu tempo e precursora do novo teatro brasileiro.

Assim, tradição e inovação, o esforço pela criação de um novo teatro para uma nova humanidade e a luta pela sobrevivência material, mas também espiritual, numa nova terra, convergiram nos palcos e na vida de cada dia, sem jamais abrir mão da capacidade de ousar e sonhar, como o menino, que depois seria ator, e cuja memória transmutou o brilho efêmero dos figurinos na luz permanente das estrelas que guiariam toda a sua vida; portanto, se este livro for capaz de recuperar para o seu leitor um pouco desse brilho, por meio de histórias que não podem e não devem ser esquecidas, terá cumprido humildemente seu objetivo.

J. G. e L. H. S.

Parte I:

Ensaios

Correntes Artísticas Precursoras do Novo Teatro[1]

As linhas, massas e os volumes da figura na perspectiva são deformados segundo leis específicas, para que reproduzam o objeto ou a pessoa como vista pelo olho humano a vê, não como é realmente. A luz, estática, é a do interior do ateliê, onde o modelo era pintado em tons mais claros na face que recebia luz e tons mais escuros na face oposta ao foco luminoso.

A concepção do espaço difere, para o homem, segundo a época em que ele vive, e lhe confere uma certa maneira de ver o mundo, na evolução que é peculiar. A criança vê antes de falar. A visão estabelece nosso lugar no mundo circundante. O que se sabe, o que se crê, afeta a maneira de se enxergar as coisas.

Toda imagem encarna um modo de ver. O neoclassicismo, o romantismo e o realismo são figurativos, realistas em maior ou menor grau, visto que o seu fundamento, no que tange à pintura, é a imitação da aparência da realidade visual, fiéis em essência às tradições técnicas e expressivas da Renascença, de um modelo de espaço criado pelo homem que dava a sensação de olhar para

---

1 Este texto, e o seguinte, se baseiam em trabalhos de pós-graduação e sumarizam as principais análises sobre o período abordado e que estão presentes nas obras indicadas na bibliografia.

dentro. Essas, por sua vez, eram as escolas dominantes quando apareceram os impressionistas no salão do fotógrafo Nadar.

O SURGIMENTO DO IMPRESSIONISMO

O impressionismo descobriu que as cores não são qualidades imanentes do objeto, mas dependem da luz que incide sobre elas, num movimento que atingiria seu ápice com as pesquisas e experiências de análise de cores do pós-impressionismo, quando a divisão de tonalidades reduzir-se-ia a simples névoas irisadas e cintilantes.

As formas perdem a continuidade do contorno. Assim, os impressionistas estendiam para a forma o dinamismo que haviam conferido à cor. Em última análise, era uma forma obtida através das vibrações luminosas das cores, conceito que os aproxima, segundo André Lhote, das concepções da moderna física nuclear.

A pintura impressionista busca o espaço externo, onde as vibrações da cor são devidas às variações da luz solar, que é tópico principal da sua pintura, e uma concepção de cor eminentemente visual, que não possui qualquer subjetivismo; é uma pintura com o olhar voltado para o exterior, para o mundo. Seus temas preferidos eram paisagens, marinhas, aspectos da vida cotidiana ao ar livre.

A reação do público parisiense foi um pavoroso ataque de estupefação coletiva, já que não reconhecia a natureza científica do impressionismo. Embora os pintores não fossem homens de ciência, nem possuíssem cultura científica, apoiavam-se em dados científicos acerca da natureza.

É bom lembrar que, na sua maior parte, os pintores impressionistas eram fotógrafos. A foto não é um mero registro mecânico. O fotógrafo escolhe uma vista, a incidência da luz entre uma infinidade de espaços possíveis e a registra naquele instante. A fotografia foi, no impressionismo, um recurso importante para o desenvolvimento da pintura, ao captar o instante fugidio, como a colocação do observador num determinado espaço a fim de registrar uma determinada cena num dado instante. À medida que compreendemos que nossa maneira de ver depende do nosso contexto cultural e que cada homem de cada

CORRENTES ARTÍSTICAS PRECURSORAS DO NOVO TEATRO

época tem uma visão diferente, é fácil entender as transformações ocorridas e as consequências diretas no mundo da arte. A perspectiva exata propôs o espectador como centro único do mundo: a luz do ateliê (interior) vinda de um foco luminoso, sob a qual os objetos escureciam na medida em que dela se afastavam, sendo representados dentro de um realismo visual intransigente. O visível para o homem que maneja a câmera de cinema já é bem diferente e incorpora a totalidade das vistas possíveis e a inventividade dos novos espaços conquistados, ampliando o modo de ver do homem.

O CUBISMO

O grande movimento estético que ocorreu em Paris, entre 1907 e 1914, na pintura e teve seu início, com Picasso e Braque, logo após a grande exposição retrospectiva de Cézanne. A gênese do movimento cubista é curiosa e liga influências bastante díspares: de um lado as conquistas da ciência e da técnica, de outro, as artes primitivas.

As retrospectivas de Cézanne e de Seurat no início do século xx marcaram a volta da pintura à preocupação construtiva e ao apoio no volume. O cubismo desenvolveu a totalidade dos objetos vendo-os, completa e simultaneamente, sob todos os ângulos visuais, planos e volumes, inclusive por cima e por baixo. Os cubistas usaram a decomposição, a superposição, o entrelaçamento, a multiplicidade de planos, revelando a possibilidade criativa de outros espaços na pintura.

O ponto de partida do cubismo foi o quadro *Les Demoseilles de Avignon* (As Moças de Avinhão), de Picasso, onde as figuras se recortam num espaço raso e a profundidade é obtida apenas por intermédio da cor. É o golpe mortal na velha concepção ilusionista do espaço, adotada desde a Renascença, que já tinha sido duramente contestada por Van Gogh e Gauguin. O primeiro, incorporando à pintura a concepção espacial da gravura japonesa, e o segundo, inspirando-se na escultura dos países da Oceania e também no Egito, e inventando uma composição majestosa e elíptica em planos escalonados e grandes áreas contrastantes de cor.

A nova figuração já vinha se esboçando em outros campos, como na ciência (principalmente na física e na geometria), e em certas construções utilitárias da técnica. São obras de engenharia que revelam um espaço complexo com pontos de vista móveis, concebido como potencialidade infinita de relações, por exemplo, a Torre Eiffel (1889). O trabalho de Albert Einstein, "Sobre Eletrodinâmica dos Corpos em Movimento", publicado em 1905, introduz um novo conceito de espaço, que inclui a noção de tempo.

A visão cubista faz ver *simultaneamente* aquilo que, através da visão natural, só poderia ser visto *sucessivamente*. Se o impressionismo pretende apreender a realidade tal como a vemos, o cubismo apreende a realidade tal como ela é.

O pintor pinta o que sabe existir, não só o que vê. Esse processo novo de figurar o mundo exterior acarretou para a pintura uma série de consequências, entre elas, o culto do objeto e o culto da cidade.

A pintura do passado girava em torno de temas religiosos, mitológicos, heroicos, centralizando a arte no homem e descrevendo momentos de exceção. A partir do impressionismo, no entanto, o homem perde aos poucos esse lugar de destaque, e os assuntos prediletos do artista passam a ser a paisagem, a natureza morta e a cidade. Assim, ao mesmo tempo que se presencia a mudança na concepção do espaço, verifica-se uma renovação no material de pintura. Mas, paradoxalmente, esse culto do objeto vai conduzir à sua desintegração devido à força da análise que acaba por destruir as coisas, ao reduzi-las a esquemas geométricos e a signos plásticos muito afastados da sua aparência real.

Assim, em 1912, começa a se difundir a colagem de objetos e detalhes reais, que, inseridos no quadro, devolvem o objeto à pintura. A letra tipográfica passa a ser utilizada como elemento plástico e de composição. Com isso, uma nova linguagem é explorada, e a letra deixa de ser uma componente do significante em relação a um referencial. Ressalve-se que, paralelamente, na poesia russa, as palavras serão utilizadas e criadas, levando-se em conta o novo espaço conquistado na relação plástica entre papel-fundo e palavra-figura.

Embora o impressionismo já tivesse explorado o espaço urbano, os tipos populares, as festas características de determinadas regiões, tudo era traduzido em termos idílicos.

Seurat já não pinta uma visão tão amena, mostrando no horizonte a estrutura geométrica das fábricas. Mas é sobretudo com Léger que a cidade se transforma no monstro mecânico colorido e anguloso, que mistura engrenagens e roldanas, a sinalização, bicicletas, figuras de acrobatas e operários.

O combate ao ilusionismo tridimensional da Renascença, iniciado com Picasso dava origem a um novo ilusionismo do espaço fragmentado e móvel, e a uma linguagem mais adaptada ao universo mecânico das grandes cidades. Todas as artes irão sofrer, daí em diante, a influência dos princípios fundamentais da nova estética, os quais são a geometrização, a superposição, o simultaneísmo, a fragmentação e a composição por contiguidade, entre outros.

Com o cubismo sintético voltam as estruturas geométricas simples; estabelecem-se proporções matemáticas, de modo que a elas é conferida articulação lógica, transformando-as em estruturas criadas mais pela inteligência do que pelo sentimento. Ocorre a introdução de letras tipográficas para sugestões plásticas e colagens de materiais que expressam texturas ásperas, diferentes daquelas do liso das tintas.

O FUTURISMO

Em 1909, Marinetti publica no *Le Figaro* um manifesto, anunciando uma arte mais condizente com a era das máquinas e da velocidade. Na Rússia, suas conferências causavam forte impressão na juventude de São Petersburgo. Dizia-se que o mundo havia se enriquecido de uma nova beleza: a beleza da velocidade, das forças em movimento. Procurou-se estabelecer uma representação gráfica para os sons e ruídos. Letras e palavras eram impressas em corpos diferentes, na tentativa de representar o movimento.

Um dos motivos da crise do simbolismo (1910), além das controvérsias internas, foi a revolução na pintura.

Por causa do olho mecânico, o homem libera-se hoje da sua imobilidade. A máquina registra um movimento atrás do outro, ampliou o modo de ver, multiplicou-a.

O manifesto futurista de Marinetti define a arte como violência, crueldade e injustiça, até culminar de forma grandiosa:

"Em pé no cimo do mundo nos lançamos uma vez mais, nosso desafio às estrelas".

Seus benefícios fizeram-se sentir na atmosfera de liberdade artística, de anticonvencionalismo e rebeldia, que alimentaria a arte contemporânea e, na verdade, a insistência do futurismo em proclamar a guerra (higienização do mundo) e exaltar a virilidade e os prazeres da destruição.

Em 1912, o futurismo delineou-se como um novo grupo poético, cujo ponto principal foi a noção da palavra em seu aspecto sonoro, e a imagem, em termos de recursos formais, como único material e tema da poesia. A base dessa teoria foi o cubismo. Os futuristas (assim como os simbolistas) também já tinham atribuído uma função especial ao som da palavra, sem qualquer função referencial e simbólica, no que diz respeito ao objeto. A palavra em liberdade deveria operar com sua própria estrutura, e as associações entre os sons deveriam evocar objetos novos, muitas vezes denominados fotoimagens.

Os futuristas ansiavam por categorias linguísticas que expressassem na poesia exatamente os mesmos elementos que tinham sido expressos na pintura cubista pelas categorias da forma geométrica, espaço e cor.

O futurismo contribuiu para a glorificação das conquistas humanas (aviões, automóveis, locomotivas), celebrou a velocidade, na estilização de suas linhas de força, procurando traduzir a vertiginosidade da vida moderna. A preocupação cultural do futurismo foi a representação do movimento e da dinâmica das imagens, sob constantes e velozes transformações. Os turbulentos e agressivos futuristas foram certamente os antecipadores artísticos de nossas verdades da física nuclear e aqueles que nos revelaram o universo em permanente velocidade. Os artistas do futurismo pintaram a velocidade, o dinamismo e a mudança (seus temas básicos) com cores geralmente berrantes: vermelho, verde, amarelo, laranja, espalhadas em composições violentas. Desejavam não só refletir a vida moderna que os cercava, mas demonstrar seu amor por ela.

O CUBOFUTURISMO

É quase obrigatória nos estudos sobre o futurismo russo a referência ao fato de que seus expoentes estavam ligados à pintura, ao contrário dos simbolistas, mais propensos à música.

O cubofuturismo, por exemplo, principal desenvolvimento da arte russa no início do século xx, acrescenta ao intenso dinamismo futurista o uso das formas geométricas, típico do cubismo. Mesmo as biografias dos principais representantes do grupo cubofuturista põem em relevo suas vivências pictóricas, por vezes até em base profissional.

David Burliuk frequentou as escolas de arte de Cazã e Odessa, a Academia Real de Munique e praticou em ateliês parisienses, antes de matricular-se na Escola de Pintura, Escultura e Arquitetura de Moscou. Maiakóvski, estudou com os pintores Jubóvski e Kélim, antes de ingressar na mesma escola moscovita, e desenharia depois cartazes, ilustrações, bem como as capas de seus livros e os figurinos para suas peças. Krutchônikh, foi professor de desenho. Khlébnikov e vários outros praticaram muito o desenho, embora como amadores.

À respeito das concepções teóricas dos futuristas russos, Krystyna Pomorska considera a teoria e a prática do cubismo como referências fundamentais do cubofuturismo. Sua argumentação, baseada nos escritos de David Burliuk, Velimir Khlébnikov, Aleksei Krutchônikh e Roman Jakobson, é bem convincente nesse sentido. Aliás, numa obra ulterior da mesma autora, há uma análise de um poema de Khlébnikov, que destacam os elementos cubistas nele contidos. E Maiakóvski? Em seus versos, tampouco seria difícil encontrar imagens deslocadas, que, pensa Krystyna Pomorska, constituem uma característica essencial dos procedimentos do cubismo, aliado a outros elementos que o distinguem.

Revolucionando o uso das palavras, Khlébnikov estudou as possibilidades novas de seu emprego: a linguagem dos xamãs, isto é, dos feiticeiros da Ásia Central; a montagem e desmontagem das palavras; a transformação de nomes próprios em verbos; de substantivos em adjetivos e vice-versa; o registro do canto dos pássaros; a formação de palavras nas línguas eslavas; a linguagem associativa; a escrita automática; e os versos de inversão.

Os anos iniciais da década de 1890 marcaram o nascimento da maioria dos poetas que revolucionariam a produção poética russa a partir do advento do novo século. A reação contra o simbolismo deu-se nos anos subsequentes a 1910, com a criação de novas formas de expressão pelas vanguardas de então.

Em primeiro lugar, a obra anunciadora de Khlébnikov. Ela não se parecia com nada do que se fizera anteriormente. Anulavam-se não só os clichês introduzidos pelo simbolismo, mas toda a linguagem convencional se desarticulava, sua poesia trazia um novo sistema semântico. Khlébnikov, na essência da sua poética, transferiu o centro de gravidade dos problemas de som para o problema do significado.

Para ele inexiste som que não tenha sido matizado pelo sentido. Não existem, independentes, um problema de "metro" e um problema de "tema". A "instrumentação" que se aplicava, geralmente, como imitação sonora, tornou-se, em suas mãos, um meio de transformação de significado, uma vivificação do parentesco, há muito esquecido, da palavra com outras palavras, e do surgimento de novos parentescos vocabulares.

Restaurando o uso da palavra, Khlébnikov estudou as possibilidades novas de seu emprego. A língua transmental era para ele algo bem concreto e preciso. Os sons aglutinados não eram fortuitos, embora estivessem desligados do conceito habitual.

Muitos dos surrealistas já praticavam uma linguagem de livre associação, semelhante à escrita automática. Caligramas e montagens de palavras – o que parecia ser mais arbitrário e desconcertante, na realidade, ligava-se a toda uma tradição. Por exemplo, os versos de inversão (*pierie viérti*), isto é, palíndromos, que podem ser lidos tanto da esquerda para a direita como vice-versa, sem mudar de sentido, e com os quais Khlébnikov escreveu um poema bastante longo sobre a revolta cossaca de Stienka Rázin. Na realidade constituem a forma de canção corrente no Cazaquistão, conforme registra Viktor Schklóvski. O que Khlébnikov certamente faz é uma aplicação de recursos da canção popular, mas com uma radicalidade e uma percepção das possibilidades do idioma que permitem a revalorização desse processo e dão-lhe nova dimensão.

Realmente, a revolução poética por ele iniciada inseria-se num amplo movimento de renovação artística, que então ocorria na Rússia.

Na pintura, o raionismo de Larionov e Gontcharova procura captar os raios que formam a imagem, e Malévitch encaminha-se francamente para a abstração geométrica. Kandínski emprega linhas e manchas coloridas, numa disposição semiabstrata. Chagall inicia a longa série das suas figurações empíricas. Vladímir Tátlin, Antoine Pevsner, Naum Gabo consagram-se com a criação de formas que expressam, de modo renovador, a civilização industrial. El Lissítski faz uso da impressão tipográfica, da fotografia e de outros processos de reprodução mecânica, e reivindica o direito de construir com eles a obra de arte. O teatro russo, com seus grandes diretores, coloca-se na vanguarda da renovação da arte cênica.

Khlébnikov é seguido nas arrogadas inovações pelos seus amigos do chamado cubofuturismo russo, a par de outros poetas da época.

Aleksei Krutchônikh utiliza a decomposição de palavras, as associações inusitadas, e cria em alguns de seus poemas um clima de alucinação trágica, aproximando-se de certos experimentos sonoros [sonoristas] do dadaísmo.

A disposição tipográfica, a noção do poema como algo que é visto no papel, evidente em Khlébnikov, foi explorada pelo pintor e poeta Iliazd.

A preocupação com a linguagem da Rússia rural deu a Kamenski a possibilidade de traçar vastos quadros. A palavra ágil e brusca da fala popular, tão diferente das construções livrescas, foi aplicada por ele de maneira muito rica e pessoal.

Maiakóvski recorre poucas vezes à métrica tradicional, preferindo elaborar seu próprio ritmo, frequentemente áspero e selvagem, e rima entre si palavras inteiras, desenvolvendo assim uma das grandes inovações formais de Khlébnikov. Seus poemas, a partir de 1923, dispõem-se sobre o papel numa forma funcional, com indicação de pausas, e ele ao mesmo tempo utiliza o branco e preto da página como objeto visual.

Todas essas modalidades de pesquisa formal eram a manifestação de um desejo renovador geral. A rebeldia era inerente a todo o grupo cubofuturista.

Maiakóvski, nos seus poemas levados a público por vias de comunicação imediata – cartazes, jornais, folhetos, rádio, teatro e cinemas –, dirige-se ao leitor do dia. E a poesia do consumo imediato tem muito de propaganda.

O CONSTRUTIVISMO

O construtivismo surgiu por volta de 1912 e 1914, opondo-se aos ideais da arte acadêmica que ainda persistiam na escultura oficial. Nessa época, assistiam-se aos debates em torno do papel do artista e da arte na nova sociedade. A ideologia construtivista foi resultado dessa efervescência cultural. Embora esses debates se realizassem por toda parte, Inkhuk (Instituto de Cultura Artística), em Moscou, foi o centro deles.

As opiniões entre os membros do instituto dividiram-se em duas. De um lado, Malévitch, Kandínski e os irmãos Pevsner argumentando que a arte tinha de ser essencialmente uma atividade espiritual, cuja função era disciplinar a visão de mundo do homem. Para organizar a vida como um engenheiro-artista, eles reivindicavam um rebaixamento ao nível do artesão. "Arte", diziam, "é inevitavelmente, por sua própria natureza, superior ao *design* funcional, ainda que bem executado. Ao tornar-se útil, a arte cessa de existir. Ao transformar-se em designer utilitário, o artista cessa de abastecer a fonte para o novo *design*".

Por outro lado, Tátlin e Rodchenko insistiam que o artista necessitava transformar-se em técnico e aprender a usar as ferramentas e materiais da produção moderna, a fim de oferecer suas energias para beneficiar um número maior de pessoas. O artista precisava construir a vida de maneira harmoniosa, transformando seu trabalho em arte e arte em trabalho.

Os construtivistas pretendiam dar as boas vindas à máquina, pois nela viam a nova fonte do poder do homem no mundo moderno, capaz de libertá-lo do trabalho, ao transformar este em arte. Ora, o processo racional de produção é comum à arte e à indústria, sendo ambas uma organização abstrata de materiais. O construtivismo passou dos testes de laboratório para um programa de produção ativa. A ideia básica consistiu no engenheiro-artista supervisionando o processo total de execução do objeto planejado, união entre arte e indústria.

O primeiro grupo manteve-se trabalhando em telas e pinturas de cavalete, e os seguidores de Tátlin envolveram-se na arte da produção.

A teoria do construtivismo não foi apenas uma estética, mas uma filosofia de vida. Ela alterou não só o meio ambiente, mas o homem em si mesmo, que seria o rei do seu ambiente, mas um rei-robô, mecanizado.

Os construtivistas preferiam usar borracha, ferro, aço, em vez dos materiais tradicionais. Seus trabalhos não eram propriamente esculpidos, modelados ou fundidos, mas torcidos, cortados, soldados – literalmente construídos, pedaço a pedaço. Quanto à técnica de execução, a mais utilizada foi o maçarico de acetileno, o instrumento principal nas mãos dos artistas, em virtude de sua fácil aquisição.

NA RÚSSIA

Essas correntes modernas e suas derivações, como o cubofuturismo, o raionismo e o suprematismo de Malevitch, encontraram na Rússia um clima propício e impuseram ali um gosto pela linguagem não figurativa, com plena aceitação por parte do público. A partir do início do século, a Rússia foi o centro de encontros contínuos e de trocas de ideias de toda a Europa. Quando estourou a Primeira Guerra Mundial, em 1914, ela ficou entregue aos seus próprios recursos. Durante esse período de isolamento forçado, que iria perdurar por toda a guerra e por todo o período revolucionário até a quebra do bloqueio de 1921, Moscou e Petrogrado tornaram-se cenários de esfuziante atividade artística. O movimento pré-revolucionário do suprematismo e a escola pós-revolucionária do construtivismo emergiram e cristalizaram-se de tal maneira que os movimentos, as ideias e as trocas estabelecidas com o mundo de fora imprimiram força, nos primórdios do anos de 1920, a esses movimentos antes pouco visíveis, mas que causariam um tremendo impacto no período do pós-guerra da Europa Ocidental.

Os espetáculos teatrais mais significativos surgiram do clima fantasioso e cintilante da nova pintura. As descobertas da multiplicidade de novos espaços, as possibilidades de cor e luz liberadas da perspectiva renascentista, confluíram para o teatro. Sua manifestação em cena alterou gradativamente o palco italiano, levando para ele todos os recursos de forma e cor da pintura e os efeitos das palavras sonoras dos poemas dos cubofuturistas.

No Encalço de um Novo Teatro: Meierhold

A revolução teatral russa do primeiro decênio foi produto das invenções dos poetas e pintores do cubofuturismo.

Os velhos teatros construídos para a representação de pequenos dramas individuais precisaram ser adaptados a fim de permitir a montagem de espetáculos de massa, que, por sua vez, teriam de utilizar as conquistas da *técnica moderna*.

O teatro moderno é um teatro dinâmico, simultaneísta, multicênico. A arte do ator, já em essência dinâmica, estava acorrentada ao teatro elaborado segundo uma perspectiva precisa e estabelecida pela primeira vez no Alto-Renascimento, que centralizava todo o olhar do observador. A perspectiva se submete a convenções exclusivas, que chamam de realidade o que não é senão aparência. O mundo visível está ordenado em função do espectador, do mesmo modo que, em outro tempo, se pensou que o Universo estava ordenado em função de Deus. A perspectiva estrutura as imagens da realidade voltadas para um só observador, que, ao contrário de Deus, poderia estar em um só lugar a cada instante.

Na dramaturgia, os futuristas bateram-se por um teatro sintético. Procuraram colocar no palco o máximo de concisão: poucos minutos, poucas palavras e poucos gestos, condensando numerosos eventos, situações, sensações (percepções), fatos e símbolos para apresentar com efeito de choque fragmentos da realidade.

No teatro italiano, o que se fizera até ali foi considerado prolixo, analítico, pretensamente psicológico, explicativo. A síntese procurada pelos adeptos do futurismo estava ligada à cenografia múltipla e ao conceito de simultaneidade, um dos aspectos mais sugestivos dessa tendência. Tal processo tornou-se mais tarde rotineiro, como também a ideia de que a ação cinética deve abranger e envolver a plateia, os espectadores.

O manifesto do teatro propunha ainda que fossem absorvidos os gêneros tradicionais e adotadas, liberalmente, a simultaneidade, a interpretação, a animação dos poemetos, a percepção sensorial dramatizada, a hilaridade dialogada, a ação negativa, a réplica espirituosa. Incluído no palco, o espectador participante seria capaz de pegar intuitivamente as fusões de fragmentos díspares da realidade. São visíveis as afinidades teóricas do teatro sintético futurista com toda a dramaturgia de vanguarda, de Alfred Jarry a Ionesco, passando por Apollinaire e Maiakóvski.

O palco é decididamente um veículo extraordinário de divulgação de ideias. É onde se sintetizam a palavra, o gesto, a tinta, o volume, o som e as cores.

Vê-se que os futuristas, entusiasmados com a dinâmica da vida moderna das grandes cidades, procuravam as correspondências artísticas, tanto assim que a economia da máquina passava a equivaler à síntese de sua forma, poucos minutos, poucas palavras e poucos gestos para inumeráveis situações, sensibilidade, ideias, sensações, fatos e símbolos. Reprovavam as concreções dos episódios num só lugar, herança da estética aristotélica totalmente estática, enquanto a pluralidade de cenários é fonte de estupor e dinamismo. A síntese ligada à ideia de cenografia múltipla implicou no conceito de simultaneidade, um dos mais sugestivos entre os postos em prática pelo futurismo. Esse processo já rotineiro na ficção atual, se não foi inventado pelo movimento futurista, ao menos encontrou nele um divulgador capaz de torná-lo familiar para a posteridade.

A simplificação trazida pela tecnologia moderna inspirou à dramaturgia certa trepidação do instante e uma agilidade que ela nunca tivera.

NO ENCALÇO DE UM NOVO TEATRO: MEIERHOLD

Tudo é teatral quando tem valor, postulava o futurismo. Fizeram-se sentir na atmosfera a libertação artística, o anticonvencionalismo e a rebeldia que, de uma forma ou de outra, alimentaram a arte contemporânea.

A linguagem do teatro futurista era tão pronunciada que, concentrando ambientes e tempos diversos nos vários locais focalizados, oferecia, de cada cena no tempo, uma síntese de poucas palavras e sugestões.

O cerebralismo e a fantasia sugerem a reação de dramas de objeto (tema predileto do cubismo), julgados pelo futurismo nova fonte de teatralidade. Romanticamente, os futuristas cogitavam atribuir uma alma à civilização.

O manifesto futurista aboliu os gêneros tradicionais e criou as réplicas de maneira livre: a simultaneidade, a interpenetração, o poemeto animado, a sensação encenada, a hilaridade dialogada, a discussão extralógica, a deformação sintética e a coincidência.

Em Shakespeare, a palavra constituía o cenário e as onomatopeias muitas vezes eram a sonoplastia do espetáculo. A palavra ocupou um lugar de honra durante longos períodos na história do teatro.

O grande mérito das novas tendências teatrais foi a integração da poesia e da pintura. A poesia desenvolveu novas maneiras de se expressar, usando a totalidade dos recursos da palavra e suas derivações sonoras. A pintura, ao impor uma disposição cênica nova, engrenou inovadoras técnicas de representação e relacionamento palco-plateia. O espectador estático de perspectiva exata, acostumado também a ser o espectador-ouvinte, será enriquecido com a multiplicidade de cenas e transformar-se-á no efetivo espectador-visual.

A dinamicidade do novo ator é produto desse cenário inovador que exige mais movimento. O ator não deve apenas ser ouvido, ele representa mesmo sem falar, adquiriu mais forma, cor, e ganhou a luz.

A multiplicidade de cenas permitiu essa inventividade e a livre fantasia. E ela interferiu nos espaços novos que englobaram o espectador, integrando-o ao evento teatral.

A CENA

Peter Brook, no seu livro *O Teatro e seu Espaço*, expõe sobre o poder latente do teatro e seus recursos. "O teatro é a arena onde pode ocorrer uma confrontação viva. O cinema projeta numa tela imagens do passado. O teatro, por outro lado, sempre se afirma no presente. É isso que pode torná-lo mais real e também tão perturbador".

A evolução cênica, que influenciou tão profundamente as principais realizações do teatro meierholdiano, tem suas origens na pintura. Mas, do contato com as concepções relativistas de Einstein e seu modo de ver o tempo e o espaço, um novo passo é dado na arte cênica.

Diferentemente da pintura que trabalhava com sua tela em duas dimensões, ou mesmo da escultora que molda em três, a cenografia passa a considerar uma quarta dimensão, a passagem do tempo.

Celso Nunes opinou, categoricamente, em um seminário sobre *O Inspetor Geral* que se Meierhold não tivesse desaparecido tão prematuramente, teria, sem dúvida, enveredado pelos caminhos do desenho animado. Justificou seu ponto de vista considerando o tipo de movimentação de seus atores, sua cenografia cambiante e sua linguagem peculiar no teatro, que pareciam caminhar nesse sentido.

Outros fatores, como o *music-hall* e o circo, além de procurarem estabelecer uma comunicação imediata com seu público, isto é, na linguagem da época, o povo, ampliaram e coloriram a cena meierholdiana. Ao encomendar seus cenários e figurinos, Meierhold visava por certo não apenas o que estes já possuíam por si sós, mas uma cenografia que animasse o espetáculo e atendesse funcionalmente ao dinâmico ator da biomecânica. Ou melhor, ele tinha em mente não o desenho do palco, mas um verdadeiro desenho animado no palco.

Ao transpor as considerações de Umberto Eco em "Para uma Análise Semântica dos Signos Arquitetônicos"[1], para a cenografia meierholdiana, é possível deduzir o seguinte: a função primeira e mais imediata é utilitária, ou seja, propiciar uma

---

1 *As Formas do Conteúdo*, p. 135.

máquina cênica ao ator biomecânico, que se vale mais do gesto que da palavra.

As teorias construtivistas enfatizaram a retirada do supérfluo em favor da funcionalidade e do "como a coisa é feita". Outra "função primeira" seria denotar, através das estruturas expostas dessa cenografia, como ela foi construída. Os recursos da máquina também são bem-vindos e pretendem impor outro estilo de vida. As "funções secundárias" da cenografia meierholdiana estão fortemente arraigadas a uma nova ideologia emergente, resultado da técnica e produtividade, assim como há a preocupação da difusão da mesma.

Outro fator que se deve levar em consideração é o gosto popular propício às artes abstratas, desenvolvido pelas correntes da pintura, que foram muito bem recebidas pelo público.

A MONTAGEM DE *A MORTE DE TARELKIN*

Meierhold, com sua criatividade inesgotável, usou em *A Morte de Tarelkin* suportes pictóricos e sugestões figurativas, após o rigor geométrico e o tecnicismo dos espetáculos precedentes. Angelo Maria Ripellino nos dá uma descrição vívida:

> Os atores, em macacões de tecido grosseiro listado de azul, estavam sempre às voltas com objetos, sobretudo com uma certa mobília desmontável. [...] Mesas e cadeiras pulavam nas cordas, fechando-se ou fragmentando-se, como se quisessem retomar a revolta dos objetos apresentada por Maiakóvski em sua tragédia. O curioso é que, mostrando os dotes "explosivos" desses móveis, Meierhold pretendia, à sua maneira, suscitar no público um interesse pelas invenções utilitárias do construtivismo.
>
> No espetáculo seguinte, *Ziemliá Díbon* [A Terra Revoltada ou "Encabritada"] [...] em lugar de móveis detonantes surgiram meios de locomoção militares: motocicletas, bicicletas, automóveis subiram da plateia ao palco. A Popova construíra uma tortuosa armação de madeira culminando num cabrestante, e incluindo uma tela, sobre a qual apareciam em diapositivos os títulos dos episódios e *slogans* revolucionários.
>
> [...]
>
> Meierhold estava no ápice da sua glória, e o próprio Lunatchárski sugeria que no futuro fosse dado o nome de "Meierholda" a todo teatro

que juntasse, numa festiva mescla de sons e luzes, os expedientes do circo, dos ginásios e do *music hall*.[2]

O objeto construtivo é aquele produzido metodicamente, ao cabo de muitos passos conscientes da decisão e da manipulação do artista, ato repetível, portanto, segundo Max Bense.

Os princípios dessa corrente artística haviam sido expostos em 1920, no Manifesto Realístico, pelos irmãos Antoine Pevsner e Naum Gabo, que ressaltavam o valor absoluto e independente da arte e seu importante papel na sociedade, seja ela qual for, socialista, comunista ou capitalista: "A Arte sempre estará viva, na medida em que é expressão indispensável da experiência humana, e na medida em que é importante meio de comunicação".

Nesse manifesto, o espaço e o tempo são citados como dimensões essenciais à vida, cabendo à arte reproduzi-los: às receitas imitativas do passado, o artista oporia "formas novas", onde o espaço tratado como matéria-prima deveria misturar-se a ritmos cinéticos, que são "as formas básicas das nossas percepções do tempo real".

Todos os conceitos anteriores ao construtivismo envolvem representações do aspecto externo do mundo ou tomam esse aspecto como ponto de partida, a exemplo da maior parte da arte figurativa. Para o construtivismo, o mundo existe unicamente como imagem de forças impessoais, mas sem fugir às respostas emocionais do homem. Gabo estava se referindo ao suprematismo, que insistia nas formas fundamentais e na cor pura.

ANTECEDENTES CONSTRUTIVISTAS

A primeira tentativa de dispor a cenografia sob um signo construtivista foi a ponte na segunda parte da peça *A Desconhecida*, de Blok, trabalho conjunto de Meierhold e de Bondi sob uma plataforma privada de elementos teatrais.

Depois dessa primeira experiência, o tema dos dispositivos construtivistas no teatro foi estudado a fundo em cursos

---

2 *Maiakóvski e o Teatro de Vanguarda*, p. 130.

de aprendizagem de cenários. Em 1918, Meierhold lecionava em Petrogrado. Na sua classe, *As Auroras*, de Verhaeren, figuravam como tema de estudo e Vladímir Dmítriev apresentou um trabalho que Meierhold considerou mais interessante que os demais.

Em 1920, o teatro RSFSR (sigla da República Socialista Federativa Soviética da Rússia) levou ao palco esse trabalho de Dmítriev. Aí houve uma tentativa de romper, definitivamente, com os cânones cênicos do teatro renascentista italiano. Porém, na revisão dos tradicionais dispositivos cênicos, Dmítriev ficou a meio caminho. Trocou os decorados por superfícies (pintadas ou não) de diversas formas geométicas, cordas grossas entrecruzadas etc.

Essa nova forma de se expressar conquistou para o teatro estilizado o direito de renunciar à figuração ilusória. Em novembro desse mesmo ano, Meierhold publica, em *O Mensageiro do Teatro*, o seguinte:

> Para nós, a construção é mais importante que os desenhos bonitos, as cores. Longe de nós o bem-estar burguês! O espectador de hoje exige construções. Ele precisa de materiais palpáveis, precisa do jogo dos volumes e das superfícies.
>
> Em suma, eles e nós fugimos da moldura cênica para áreas de representação abertas e multiformes. Deixando com alegria o pincel, nossos artistas se armarão do martelo, do machado, da picareta, para talhar os ornamentos cênicos dos materiais oferecidos pela natureza.

No *Mistério-Bufo*, o cenário se apresenta através de formas abstratas e geométricas e a indumentária usa os uniformes de trabalho cinzentos.

Novamente Ripellino, em "A Época do Construtivismo", considera ser impossível entender esse período do teatro de Meierhold sem o construtivismo, que muito o influenciou, do mesmo modo que aos pintores, alguns dos quais se aventuraram na cenografia para teatro:

> Depois da Revolução, os pintores de esquerda sentiram a viva necessidade de refletir em sua telas os processos mecânicos da indústria e as conquistas da técnica. O abstratismo procurava temas no mundo dos aparelhos e das máquinas. Suprematistas, projecionistas e outros não figurativos fizeram da pintura uma espécie de cálculo algébrico,

apresentando em manifestos e títulos uma afetada terminologia cientí-fica. As suas tramas geométricas, tecidas com o mais rígido racionalismo, como se empregassem esquadro e compasso, foram se assemelhando cada vez mais a diagramas analíticos, a exercícios de gélida engenharia. [...]

Se não conseguiu condicionar os costumes soviéticos, o construtivismo teve ao menos seu triunfo no campo do teatro. Dispensando os painéis pintados e as decorações supérfluas, os construtivistas erigiram sobre o palco despojado, armações abstratas, que continham torno e tear, encaixes engenhosos de torres, escadas e partes giratórias. A ribalta assumiu o aspecto esquelético de um viaduto ferroviário, de uma estrutura composta de peças mecânicas.

Protótipo desses dispositivos foi um extravagante castelo de elevações, rodas, passarelas, escorregadores, uma espécie de máquina-ferramenta, que Popova projetou em 1922 para *O Corno Magnífico*, dirigido por Meierhold. O exemplo da Popova suscitou dezenas de outras construções mais complexas. Recordemos as de V. Stepánova para *A Morte de Tarelkin*[3].

Criações semelhantes, que pareciam transferir ao espaço os traçados geométricos dos suprematistas, tornaram-se logo moda, penetrando até nos teatros conservadores. "A construção criada por Popova", escreve Schklóvski, "teve uma longa luta com a velha caixa cenográfica, e é hoje aceita pelo espectador como se fizesse parte do texto dramático".

O trabalho desenvolvido por Tátlin, Ródtchenko, Popova, Stepánova e outros, no Inkhuk, o Institut Khudójestvenoi Kultúri (Instituto de Cultura Artística), em 1920, levou-os a proclamar "superada a pintura de cavalete e supérflua qualquer atividade artística que não tivesse um fim produtivo"[4].

EM 1922:
PRODUÇÃO DE UM ESPETÁCULO

O problema da forma cênica se colocou imperiosamente. O espetáculo realizado trouxe a primeira solução prática para os problemas suscitados pelo construtivismo. O princípio fundamental desse espetáculo, mantido posteriormente em todas

3   Idem, p. 116 e 123.
4   Idem, ibidem.

as montagens dessa tendência, era a recusa a se recorrer aos cenários suspensos; supunha-se que o espetáculo se desenrolava fora da moldura cênica. A necessidade de apoiar todas as partes do dispositivo sobre o solo enquadra-se perfeitamente nas teses teóricas do construtivismo.

A antiga técnica teatral utilizava as combinações de diversas formas de madeira, geralmente camufladas por telas pintadas; oferecia, pois, esses precedentes: associação de elementos de combinação padronizada. Rejeitando a decoração do palco, o construtivismo colocava o palco nu; construía um dispositivo com diversos elementos, modificando-lhes as dimensões e as formas em função de suas necessidades, isto é, em função da concepção de conjunto da montagem. Certos elementos do dispositivo de *O Corno Magnífico* formaram uma combinação que, em seguida, seria invariavelmente usada em todas as montagens construtivistas. Dessa forma, materializaram-se os seguintes princípios:

1. Construção linear em três dimensões.
2. Ritmo visual, determinado pelos efeitos, cuja natureza não era pictorial nem de relevo.
3. Inclusão no dispositivo unicamente das partes construtivas "ativas", necessárias ao trabalho do ator.

A fim de verificar os resultados obtidos, tentou-se acrescentar um elemento do tempo real para substituir o antigo acompanhamento musical. Esse novo compasso foi introduzido por meio de rodas, que giravam no decorrer das ações. O fato de se haver pintado essas rodas com diferentes cores ajudava a tirar da variedade dos movimentos rotatórios o fundo cinésico. Composto exclusivamente por elementos ativos, esse dispositivo opunha-se, em seu princípio, ao cenário. E exigia que fosse modificada a concepção do figurino. Este deveria servir ao trabalho cênico. Desse modo nasceu a fórmula, a roupa de trabalho do ator: uma calça e um macacão de operário – que era completada, segundo o emprego e o papel, por diversos acessórios. O trabalho em azul podia servir tanto para o papel de um general como de um tanoeiro.

Os realizadores viram nessa montagem construtivista apenas um passo; esperavam chegar, mais tarde, a um espetáculo inteiramente extrateatral: abolição da cena, do cenário, do figurino; que teria por consequência o desaparecimento do ator e da peça; a representação cederia lugar a um jogo livre de trabalhadores que, para relaxar, consagrariam uma parte de sua folga a um jogo teatral improvisado, talvez no próprio lugar de trabalho, e com um cenário inventado na hora, por eles mesmos.

Era importante para os construtivistas não reatar os laços com o ideal estético pré-revolucionário de movimentos brandos e harmoniosos (linhas decorativas da pintura teatral e dos gestos dos atores), acompanhados de uma declamação langorosa e outros traços de futilidade e do parasitismo. Tornava-se necessário levar o espectador por um caminho novo: revelar a estética do processo de trabalho, base do cumprimento racional dos gestos de esforços.

Tais eram os princípios elaborados em *O Corno Magnífico*. Foi o teatro que permitiu ao construtivismo revelar-se em alto grau.

O dispositivo elaborado por Popova, bastante grande e complicado, foi inteiramente utilizado nas diferentes partes da representação. Viu-se que podia ser empregado inclusive sob a forma de um chapéu ou um avental. No entanto, só era possível utilizá-lo no seu todo nas grandes cenas de massa ou nos raros pontos culminantes da ação; o resto do tempo, os atores representavam com os diversos integrantes do dispositivo, um banco, uma porta, uma janela, uma escada, uma elevação, um suporte, partes dessa máquina-ferramenta.

Foi no tratamento desses detalhes, como os objetos destinados à representação, que os construtivistas puderam constatar que esse jogo era possível e podia favorecer os efeitos cênicos, pois cada um desses pormenores contribuía para o efeito de uma gague: subir, cair, desaparecer de repente etc. Isso era possível, cada vez mais, graças ao dispositivo *standard* nas suas diferentes adaptações. No entanto, isso multiplicava "as formas de madeira" em seus diversos aspectos, enquanto o construtivismo aspirava a uma padronização total. Para permanecer consequente, a teoria deveria rejeitar a reunião de elementos disparatados, encarregados de substituir as funções cênicas, permitindo ao ator representar.

DA CENA ELIZABETANA À BIOMECÂNICA

O teatro popular está livre das pretensões estéticas dos teatros aristocráticos e burgueses.

Sua área de representação e o figurino do seu ator limitam-se ao que é indispensável à ação. A única preocupação dos comediantes ambulantes é adaptar às suas necessidades os locais onde representam: uma praça pública, uma carroça, uma granja, onde se instala um estrado, algumas pranchas de madeira.

Mais tarde, ao fixarem-se num teatro construído, esses comediantes conservaram o mesmo espírito. Dessa forma, nasceu a fórmula do antigo teatro espanhol e inglês: um proscênio muito grande cercado de espectadores por todos os lados e uma cena dividida horizontal e verticalmente, sem nenhum cenário. Também assim era a fórmula do antigo teatro japonês, com sua célebre ponte acima da cabeça do espectador, através da qual entravam e saíam os atores, de maneira que cada uma das suas entradas e saídas se transformasse num acontecimento.

Os acessórios desempenhavam no antigo teatro popular um papel secundário: permitiam ao ator mostrar sua arte de lidar com os objetos, reduzidos ao que é indispensável para ajudar o decurso da ação.

Sem se limitar a colher nesta arte elementos para o trabalho do ator, Meierhold encontra nas tradições populares um impulso para renovar a forma do espetáculo. Ele começa por desferir um golpe mortal na antiga caixa cênica, amontoada de telões pintados, separada da sala pela ribalta e oculta pela cortina. Essa cena, nascida no tempo da baixa Renascença (século XVI) e adaptada à representação de balés e óperas, "prazer dos olhos" de uma aristocracia fútil, substituída pela burguesia que ali instalou o drama, desde então manteve-se dessa forma, com algumas insignificantes modificações.

Ora, nossa época rejeita a contemplação paralisada em um imobilismo estéril: ela exige um espetáculo ativo, dinâmico, impossível de ser efetuada num palco da Renascença com desenho estático.

Meierhold foi o primeiro a compreender isso e a tirar as consequências inerentes, graças à experiência do teatro popular da Inglaterra e da Espanha, absorvido no século XVII pelo sistema vitorioso do teatro italiano. Ele rompe com a ribalta e os cenários suspensos, constrói dispositivos tridimensionais; seu único objetivo é iluminar o dinamismo do ator, que se comporta para destacar o sentido cênico da peça.

O construtivismo, implantado dessa maneira por Meierhold, não é, de modo algum, apenas a invenção de um diretor inovador, mas sim uma nova etapa dos velhos sistemas do teatro popular (antigo, inglês e espanhol).

Foi o estudo do teatro shakespeariano, com sua cena desmembrada em altura e em largura, que inspirou a Meierhold a forma construtivista do espetáculo; sua primeira construção, a máquina-ferramenta de *O Corno Magnífico,* não passa de um desenvolvimento lógico da cena elizabetana (proscênio, balcão e cena de fundo). No entanto, esse dispositivo tridimensional revelou-se insuficientemente dinâmico para a nossa época.

O construtivismo atingiu seu apogeu com a montagem de *A Floresta*, comédia de Ostróvski. Por essa época, Meierhold tentava usar o cinema em seus espetáculos. Tendo representado o papel de Lorde Henry no filme *O Retrato de Dorian Gray*, entusiasma-se pela nova arte e passa para um tipo de espetáculo cineficado. Ele percebe, no entanto, o perigo que corria o teatro de perder sua especificidade. Então tenta uma síntese dos elementos resultantes de um quarto de século de pesquisas. Essa síntese teve seu apogeu em *O Inspetor Geral*, de Gógol, cuja estreia em Paris atraiu à plateia um desfile de celebridades.

O INSPETOR GERAL (REVIZOR)

Na primeira reapresentação de *O Inspetor Geral*, de Gógol, a atenção dedicada aos seus tipos característicos foi insignificante. Portanto, a peça assumiu a feição de uma simples farsa e Khlestakóv apareceu como um mero malandro de *vaudeville*.

A versão de 1842, apresentada em 1870, sofreu inúmeras alterações significativas, como, por exemplo, as dessas falas: "Não culpe o espelho se a sua boca está torta" e "De que se riem? Estão rindo de si próprios". Talvez devido à tradição, a nova versão também manteve o caráter de mera zombaria.

No início do século xx, novos esforços foram feitos para definir o estilo dramático de Gógol. Em 1908, Meierhold projeta uma interpretação simbolista e permanece fiel ao texto farsesco. A definição do grotesco que Meierhold cita é da *Grande Enciclopédia Russa* de 1902, que sublinha certas fórmulas:

A palavra grotesco designa a comicidade grosseira na música, na literatura e nas artes plásticas. Designa, sobretudo, o monstruosamente bizarro; produz o humor que, sem razão aparente, aproxima as noções mais divergentes, pois, separando os detalhes e almejando a originalidade, só retém o que corresponde à sua atitude em relação à vida, atitude feita de alegria de viver, de ironia e de capricho.

O grotesco, desde logo, termina com a análise. Seu método é a síntese. Ele mistura os opostos e acentua com o desenho as contradições. O único efeito que importa é o imprevisto, o original. O grotesco mais que sintetiza, acentua, a quintessência dos contrários, cria a imagem do fenomenal, muitas vezes do sobrenatural. A arte do grotesco é fundamentada na oposição entre conteúdo e forma.

Para Meierhold, o teatro não atua somente para o intelecto, mas também sobre o sentimento. A fusão de todos os meios deve agir sobre a plateia: além da palavra, a música, a luz, os movimentos rítmicos e toda a magia das artes plásticas, abrangendo as últimas conquistas tecnológicas. Através desses meios, o espetáculo gera e desenvolve uma tensão, a dose certa de suspense, aquele algo que os espectadores esperam que aconteça – mas o que se dá é o contraste, o inesperado estruturado dos ideais e recursos do teatro total.

"Cada texto nada mais é que um pretexto". A arte de um diretor não é a de um executante, mas a de um autor, e *O Inspetor Geral* foi a peça que demonstrou isso mais diretamente. O objetivo de Meierhold era tornar *O Inspetor Geral* uma produção acusatória, que mostrasse a corrupção da sociedade czarista, incluindo a sua nobreza e os seus oficiais, e não uma simples comédia de cidadãos com costumes provincianos de alguma cidade inexistente do mapa, na qual Khlestakóv fosse um malandro de *vaudeville* e vigarista convencional.

Em 1926, Meierhold rejeita todas as demais versões, concordando com Púschkin de que o tratamento deveria ser cômico, mas com um contraponto perturbadoramente lacri-moso. Gógol dizia: "As coisas gozadas transformam-se em coi-sas tristes se você as observar com bastante profundidade". Essa transformação de alegria em tristeza ou até mesmo em fúria é o pulo do gato, pois aí reside toda habilidade demoníaca do estilo dramático de Gógol.

Segundo o testemunho de Mikhail Tchékhov, *O Inspetor Geral*, devido à extensão de sua concepção, sofreu alterações bastante leves. Meierhold interpretou a peça como síntese do realismo, mas com hipérbole e fantasia, deixando de lado as interpretações anteriores. Como base para sua produção, retomou o esboço de 1835. A cena na qual Ana se vangloria de que os oficiais se desesperavam pelos seus lindos olhos foi novamente incluída. Outra cena retomada, que não apa-recia na versão que se costumava apresentar, era aquela em que Ana levantava as saias para Khlestakóv, mostrando os açoites do governador. O diálogo cômico de Khlestakóv com o doutor Giebner, que por sua vez não se deixa subornar, é também reincluído. Meierhold acrescenta ainda elementos sonoros, falas, acessórios e efeitos cênicos, com significação já conhecida de outras peças, para as cenas de contrastes, que exigiam truques repentinos, causando espanto e surpresa dos espectadores. A mera ação comum se transforma em panto-mima estudada.

O palco é construído em pronunciado declive proposi-talmente. Os atores, dotados da grande destreza exigida pela biomecânica, movem-se como bonecos, autômatos, ou seja, grotescamente. O mobiliário é enorme em relação à área de apresentação, o que produz um efeito todo especial.

Além desses elementos, Meierhold temperou o espetáculo com as últimas fofocas de Petersburgo e o aperfeiçoamento dos tipos característicos da peça, que receberam seus toques incon-fundíveis com a introdução de detalhes das personagens das cenas "Especuladores", "O Casamento" e "Vladimir do 3º Grau". A cena em que Ana é cortejada pelos oficiais, que lhe oferecem buquês, é extremamente movimentada, com atores entrando e saindo das mobílias como brinquedos das caixas-surpresa. Esses móveis são de mogno, pois se trata de madeira caracte-rística da época que Meierhold pretende retratar.

A elaborada toalete do prefeito, o "fumar", tudo é montado com grande precisão, como convém ao meio mesquinho do funcionalismo. Meierhold proíbe o ator de assumir pose e entonação senil, o correto é uma voz jovem. O governador deve ser bom orador, mas um semiculto. Na cena final, ele deve ficar aturdido, não ridicularizado.

O principal reparo da crítica foi o de acusar Meierhold de favorecer Zinaida Reich no papel de Ana. Esta não é uma mera provinciana coquete, porém uma mulher extremamente charmosa. Em defesa de Meierhold, é possível demonstrar que ele foi buscar essa figura da galeria social da época em outra personagem de Gógol e a incorporou ao papel de Ana, tal como interpretado por sua esposa.

O criado Óssip, em vez de ser um velho rabugento, surge como o protótipo do forte camponês sadio, imagem positiva do trabalhador sem os vícios de seu amo. É o porta-voz da sensatez e da fidelidade. Outro propósito dessa transformação é servir à pauta musical confiada ao canto de canções folclóricas.

Khlestakóv é a personagem de inúmeras máscaras. Ele tem feições de Arlequim, Don Juan, jogador vigarista, homem de maneiras refinadas, culto, poderoso, compreensivo. Cada uma dessas máscaras faz sua entrada na situação cênica da qual pode tirar melhor proveito. Quando o malandro está com Ana, relata suas mirabolantes façanhas na cidade grande. No hotel, durante a visita, tira bolos de letras de câmbio com gestos mecânicos que lembram os de um boneco e um relógio de ponto.

O núcleo da cena final é representado pelo prefeito e sua esposa coberta de joias, ambos no auge de suas fantasias, e cujos sonhos de ascensão social chegam às raias do delírio de grandeza. O motivo é o noivado da filha com uma personalidade tão poderosa e ilustre como Khlestakóv, amigo de todos os ministros.

De repente, surge a notícia de que Khlestakóv é um farsante. A farsa vira pesadelo. Os sinos que anunciam o compromisso ressoam cada vez mais alto, policiais apitam, a banda judaica de Klezmorz obriga os convivas a dispararem freneticamente em galope pelo auditório.

O público ri às gargalhadas diante da ridícula queda do governador em seu *status*, por causa da sua perda da noção das coisas e de suas disparatadas atitudes e poses insensatas de todo poderoso.

O lance de genialidade de Meierhold, o encenador, verifica--se no efeito contrastante desse quadro, que se torna evidente quando o prefeito se volta para os seus convidados e lhes gela o riso ao dizer com desalento: "De que se riem? Vocês estão rindo de si próprios". Simultaneamente, aparece a notícia em tela branca notificando que o verdadeiro inspetor irá chegar. Depois, a tela sobe lentamente e mostra as figuras petrificadas, revelando a medida da real dimensão humana, como efígies feridas e aterrorizadas.

Após a hilaridade geral, de novo o pesadelo.

Parte II:

Projeto de uma Encenação

Do Espaço Cênico e dos Figurinos da Peça O Homem e o Cavalo, de Oswald de Andrade, Segundo a Concepção de Meierhold na Fase Construtivista

Após as considerações do capítulo anterior sobre o espaço cênico, resultante de alguns tópicos da teoria construtivista, temos as linhas principais da concepção do cenário da peça *O Homem e o Cavalo* por mim idealizado.

O palco teria uma forma semicircular com prolongamentos formando passagens para cenas de grande movimento de atores e correrias desabaladas pela plateia. A estrutura é totalmente exposta, a exemplo das fotos de *O Corno Magnífico*, *A Morte de Tarelkin* e *A Terra Encabritada*.

As estruturas verticais teriam uma função ambígua. Por exemplo, a torre serviria tanto para o elevador como para o balão de Ícaro.

As molduras dos reservados onde está escrito "homens", "mulheres" e "anjos", mudando a posição de vertical para horizontal, tornar-se-iam janelas de estratonave. Essas mesmas molduras encostadas no chão seriam a cerca do hipódromo e também serviriam de cerca para crianças. Outra utilidade para essas molduras seria, quando deitadas no chão, representar a barca, e elas ainda sugeririam os estaleiros da cidade industrial no quinto quadro, com os atores martelando.

34 ENSAIOS DE UM PERCURSO: PROJETO DE UMA ENCENAÇÃO

Quanto às cores, permanecem as do próprio material com o qual o cenário foi executado, no caso, seria de algum tipo de metal.

FIGURINOS

Meierhold, além do uniforme, usou também nas suas montagens trajes multicoloridos inspirados nas vestimentas do circo, do *music-hall* e dos prestidigitadores. A solicitação no trabalho em primeira instância estabeleceu um embasamento do guarda-roupa do artista na época construtivista. Portanto, os figurinos deveriam ser todos macacões, com alguns acessórios que distinguissem uma personagem da outra.

A criatividade exigida por Meierhold dos seus figurinistas fez com que se mantivesse uma permanente busca da renovação da vestimenta. A própria sequência dos espetáculos meierholdianos mostra a sua intensa criatividade.

Outro fator que interferiu na criação dos figurinos de *O Homem e o Cavalo* foram as colocações de Roland Barthes em *Sémiologie de la Mode* (O Sistema da Moda). O livro propõe uma análise estrutural da roupa tal como ela é descrita pelos jornais da moda. É um trabalho sobre a palavra coletiva, sobre um mito, dentro de um sistema contínuo, completo, sem rupturas. Existe continuidade porque se trata de linguagem. E o mito está, justamente, na palavra, no segundo sentido revelado pela análise que visa separar os diversos sentidos. Em outros termos, na moda, uma roupa mascara uma significação secundária. Essa é a conotação que encobre o mito e é expressa pelo sistema retórico da moda.

Embora o sentido de uma frase seja dominado mais facilmente do que o da imagem, existe todo um conjunto de imagens muito divulgadas e de imediata compreensão por parte dos observadores. Consequentemente, no grupo de personagens que representa "a lei velha", como, por exemplo, no caso de São Pedro, Jesus, Mister Byron, mantive um desenho tradicional, tal como os encontrados nas ilustrações de livros e revistas. Em outros, como Madalena, Verônica, Madame Jesus, Madame Ícaro, procurei sugerir uma ambiguidade na significação dos trajes, considerando o papel social do comportamento exterior que se opõe à maneira individual.

Para os demais, não deixei de tomar certa liberdade para a invenção, embasada firmemente nas esculturas de Tátlin e Rodchenko, que vão aparecer nos figurinos do Poeta-Soldado, do Divo, da Madame Jesus, do Barão Barrabás de Rotschild e do Soldado Vermelho de John Reed.

O figurino das Garças oscila entre uma figura espacial que conote o local da ação, céu, e uma corista de teatro de revista, uma vez que o diálogo entre as quatro é bem picante.

O arranjo da cabeça foi baseado na escultura, de 1920, *Construção Suspensa*, de Rodchenko, escultor e teórico atuante do movimento construtivista. Os seus trabalhos têm um caráter geométrico e, ao mesmo tempo, intensamente dinâmico, graças à representatividade das trajetórias do átomo que dá a cada figura uma conotação de ser espacial. Os elementos da escultura interpenetram-se, e os círculos concêntricos interseccionam-se, resultando em uma rica trama de planos e espaços.

No caso do Cavalo de Troia e do Cavalo Branco de Napoleão, ainda que representem o "velho mundo", o diálogo entre ambos tem uma conotação crítica desse velho mundo, daí a concepção das máscaras e do traje terem sido construtivistas.

Para o Camarada Verdade, baseei-me no suprematismo, no sentido da sua busca das essências dos valores absolutos da arte. Oswald de Andrade coloca as essências de uma visão de mundo nas falas do Camarada Verdade. O quadro em que o Camarada Verdade atua me pareceu semelhante à cena da chegada de Flash Gordon a outro planeta, onde um ser de civilização superior se move como uma máquina estranha e expõe suas ideias numa voz gutural perante um Flash Gordon espantado.

Em linhas gerais, os figurinos receberam um tratamento construtivista, na medida em que a personagem pertence ao mundo da industrialização ou a sua presença conote uma crítica à "velha lei". As interferências de elementos circenses e do teatro de revista estão perfeitamente fundamentadas nas montagens de Meierhold, e o critério adotado no projeto dos figurinos foi baseado nos diálogos das personagens.

Imagens de
O Homem e o Cavalo

CENÁRIO E FIGURINOS[1]

---

1 As legendas baseiam-se em falas das personagens da peça, livremente adaptadas.

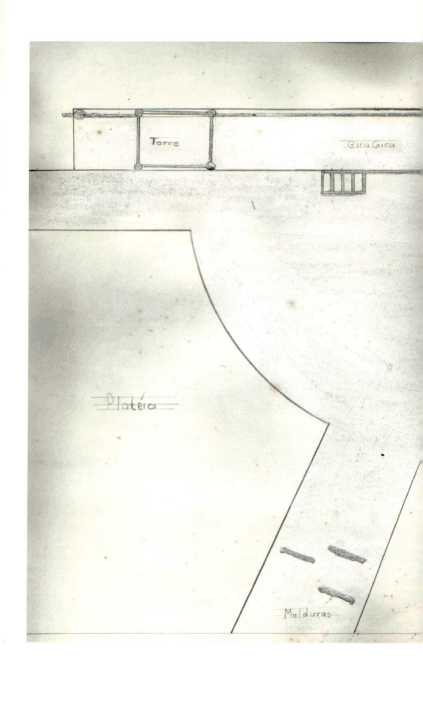

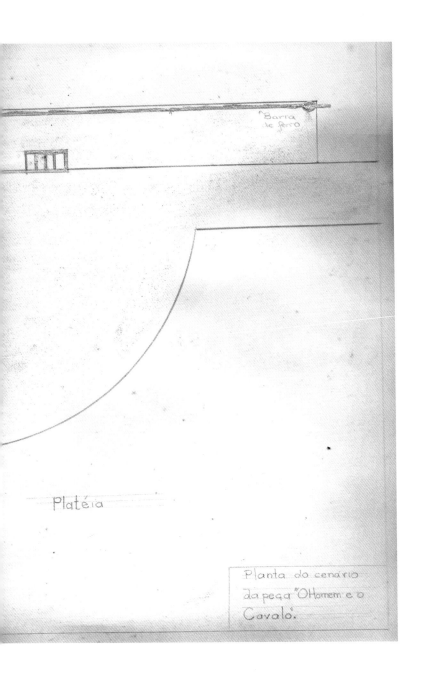

FIG. 1: *Cenário*
Panta do palco.

FIG. 2: *Cenário*
Vista em perspectiva

FIG. 3: *Um Pequeno Burguês:*
Seguindo o duro caminho do novo Calvário.

FIG. 4: *O Vendedor de Jornais:*
Extra ! Extra ! Um fêmur caiu da estratosfera! Suicídio ou Crime?

FIGS. 5 E 6. *A Baronesa do Monte-de-Vênus:*
Finamente educada no convento da Irmãs Venéreas

FIG. 7: *As 4 Garças:*
Pena Rasputin ter ido para o inferno, agora só resta aprender inglês.

FIG. 8: *O Soldado Vermelho de John Reed:*
À vontade nas roupas que visto, pois o que importa não é a roupa e sim eliminar as duas classes.

FIG. 9: *O Vendedor do Câmbio Negro:*
Um dos últimos burgueses da terra a defender a liberdade de comércio e de lucro.

FIG. 10: *Lord Capone:*
A sociedade é estragada pela imoralidade dos hotéis.

FIGS. 11 E 12. *O Poeta-Soldado:*
Regenerar a humanidade pela guerra, a única higiene do mundo.

FIG. 13: *Mister Byron:*
A miséria é uma necessidade social. Acorrenta as classes pobres para que possamos ter dignidade, repouso e gramática.

FIG. 14: *O Médico:*
Nada mais é misterioso nas ciências sociais.

FIG. 15: *Um Poeta Católico:*
Ir até o fim, ainda que no bonde errado.

FIG. 16: *O Cachorrinho Swendemborg:*
Um traste caído do céu.

FIG. 17: *Um Espanhol*

FIG. 18: *O Tigre do Mar Negro:*
Luta de Classes: Das faíscas da indignação popular é preciso fazer sair um imenso incêndio!

FIG. 19: *Madame Icar:*
Quantas noites vazias à espera do marido exemplar que partiu.

FIG. 20: *Icar/Icar Desencarnado*

FIG. 21: *D'Artagnan:*
Sou um fenômeno de massa: Dou meu sangue por uma sociedade de cornudos!

FIG. 22: *São Pedro:*
Respeite-se a quarta dimensão do Paraíso, reduto da eterna mudança. Sou São Pedro na era da máquina.

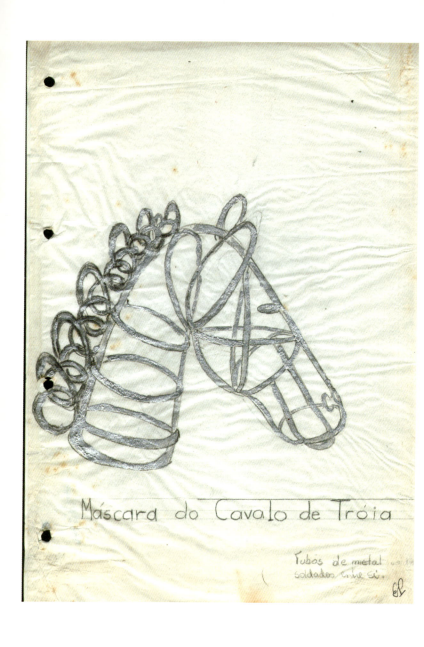

FIG. 23: *Máscara de O Cavalo de Troia:*
Sou um cavalo conservador! Quando me abriram, depois da última guerra, trazia em mim o tratado de Versalhes.

FIG. 24: *Máscara de O Cavalo Branco de Napoleão:*
O único cavalo da história sou eu! Sou o cavalo que não morre, o do comandante.

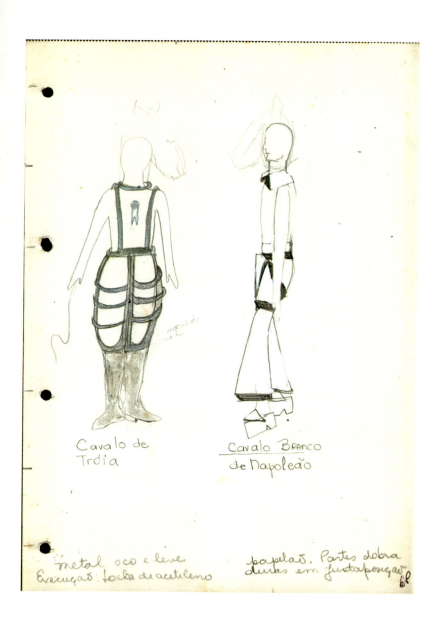

FIG. 25: *O Cavalo de Troia e O Cavalo Branco de Napoleão*

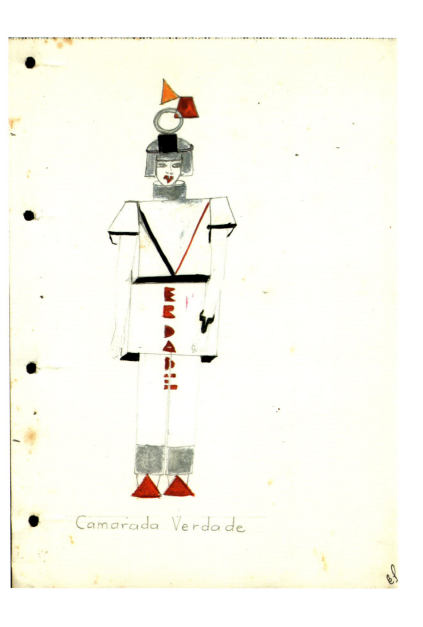

FIG. 26: *O Camarada Verdade:*
Eu sou a Verdade, a defesa da humanidade pobre que habita um planeta milionário. Fui a geografia de Ptolomeu e a geometria de Euclides, hoje sou a física de Einstein.

FIG. 27: *Madalena/A Verônica:*
Verônica, a precursora da indústria do retrato.
Madalena, patrona da arte ilegal, hoje sou cubista.

FIG. 28: *Sem identificação*

FIG. 29: *Madame Jesus:*
Profissão? Capanga de mi esposso.

FIG. 30: *Cristo:*
Criador, com João Batista, da grande senha do Reino dos Céus.

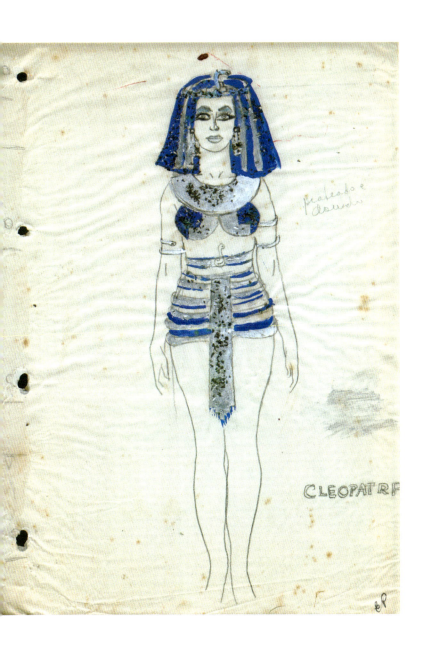

FIGS. 31 e 32. *Cleópatra*.

FIG. 33: *O Barão Barrabás de Rotschild.*

FIG. 34: *Divo.*

FIG. 35: *Três Crianças Soviéticas.*

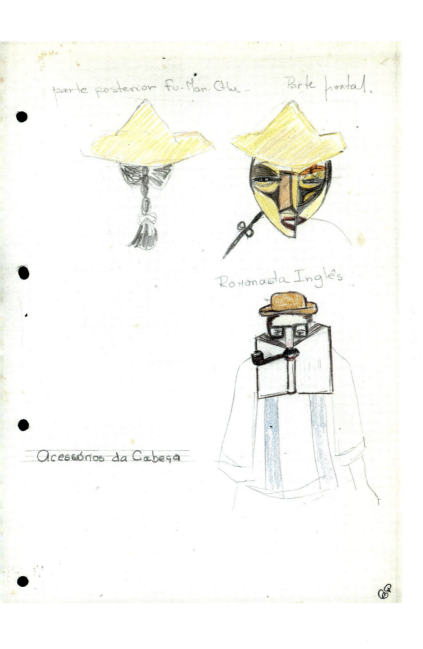

FIG. 36: *Acessórios de cabeça para Fu-man-chu e Um Romancista Inglês.*

Parte III:

O Teatro Ídiche em São Paulo

Breve Histórico
da Pesquisa Sobre o Teatro
Ídiche em São Paulo

A pesquisa sobre o teatro ídiche em São Paulo baseou-se num projeto de 1977, concebido e coordenado pelo Prof. Dr. Jacó Guinsburg (da ECA) e do Centro de Estudos Judaicos da Universidade de São Paulo (USP).

Da primeira etapa do projeto, participaram Inda Melsohn, Hadassa Cytrynowicz, Maria Augusta Toledo e Guita Stern. Os dados foram anotados em fichas, e daí resultou, em 1980, o primeiro levantamento, elaborado por Guita Stern.

A pesquisa foi retomada em 1992 sob a mesma metodologia e orientação do professor Guinsburg, com a participação novamente de Guita Stern, bem como de Tuba Furman e minha, contando, para o desenvolvimento de tal tarefa, com uma bolsa temporária da Capes (Coordenação de Aperfeiçoamento de Pessoal de Nível Superior), em nível de mestrado na Área de Língua Hebraica, Literatura e Cultura Judaicas, no Departamento de Letras Orientais da FFLCH-USP.

Em junho de 1993, Tuba Furman retirou-se da pesquisa, o mesmo ocorrendo, pouco mais tarde, com Guita Stern. Prossegui na empreitada e completei a catalogação dos dados pesquisados junto à imprensa, fazendo a inclusão dos arquivos pessoais de Póla Rainstein; Genny Serber, esposa do saudoso ator José Serber; do jornalista Luzer Goldbaum; do ator Mayer

Kohn; de Boris Cipis, ator e filho de Mile e Rosa Cipkus; e, em Nova York, da atriz Shifrele Lerer.

A pesquisa desenvolveu-se com base nas seguintes metodologias: organização e catalogação das informações obtidas em periódicos e arquivos; estruturação de um banco de dados; entrada dos dados; elaboração dos relatórios.

Uma vez digitadas, as informações contidas nas fichas foram estruturadas no sistema do banco de dados, a partir do qual resultaram as estatísticas das peças encenadas, autores, gêneros, locais de apresentação, caráter das companhias, empresários, diretores, músicos, responsáveis pelo ponto e atores, dados que foram utilizados na minha dissertação, também sob a orientação de Jacó Guinsburg.

Após o cruzamento das informações colhidas, verificaram-se redundâncias, em virtude da publicação de peças em mais de uma fonte. Procedeu-se, então, à revisão dos registros, complementando-os e sintetizando-os em fichas não repetitivas, totalizando 580 fichas.

No âmbito dos periódicos, as informações foram obtidas das seguintes fontes:

- *O Estado de S.Paulo*, de 1897 a 1970;
- *A Gazeta Israelita de São Paulo*, de 1937 a 1941;
- *Crônica Israelita*, de 1938 a 1969;
- *Aonde Vamos*, de 1943 a 1950;
- *Undzer Schtime* (Nossa Voz), de 1948 a 1956;
- *Der Naier Moment* (O Novo Momento), de 1951 a 1957;
- Revista *A Hebraica*, de 1964 a 1970.

Relativamente aos arquivos, consultaram-se:

- Arquivo do Teatro Municipal, de 1938 a 1978;
- Arquivos pessoais de Póla Rainstein, Mayer Kohn, Genny Serber, Luzer Goldbaum, Boris Cipis e Shifrele Lerer.

Como pode ser observado nas fichas anexas que acompanham as estatísticas de 1913 a 1970, as informações colhidas nas fontes consultadas não continham a totalidade dos campos previstos nas fichas individuais, razão pela qual alguns campos permaneceram sem preenchimento.

Introdução

Visamos aqui apresentar um panorama histórico do palco na língua popular do imigrante asquenaze em São Paulo e suas raízes na cultura judaica; em que condições foi implantado em São Paulo, como atividade teatral de vida própria, realizada por diretores, atores, cenógrafos e outros, todos aqui radicados e com público fixo. Concentramos, então, este trabalho nos imigrantes radicados em São Paulo, por ter sido o teatro uma de suas manifestações culturais mais destacadas, pela fidelidade cultural dos seus espectadores e pelo seu número significativo. Palco e plateia interagiam num clima satisfatório pleno de empatia.

A propósito, assinalamos que atores de maior ou menor renome, procedentes dos vários focos de atividade teatral ídiche no mundo, puderam completar o elenco de que necessitavam com atores radicados em São Paulo, fato que era imediatamente possível por terem uma língua comum e um repertório comum, inclusive amplamente conhecido por intérpretes e pelo público. Assim, língua e cultura foram os fatores de identidade que permitiram o surgimento, entre os imigrantes, e o desenvolvimento dos seus estratos mais cultivados, de uma ativa ação teatral filodramática, coadjuvada incessantemente por profissionais vindos do exterior. Daí se pode dizer que esses grupos, companhias, atores, diretores e ativistas sociais criaram um ambiente de produção e intercâmbio de grande importância, pelo menos em termos locais, se examinado sob o ângulo relativo da população visada, que era a do imigrante judeu de fala ídiche em São Paulo.

Créditos especiais devem ser outorgados ao Iugent Club (Clube da Juventude), ao Centro Cultura e Progresso e ao Instituto Cultural Israelita Brasileiro pelo seu papel na história desse teatro. Inclui, outrossim, menções ao Coral Schaeffer e o Dram Kraiz (Grupo Dramático), todos organizados e mantidos pelos novos imigrantes, com seus anseios culturais e políticos.

Abordamos, em seguida, a relação entre a dedicação filodramática e a manutenção da identidade cultural do imigrante asquenaze. De fato, durante aproximadamente cinquenta anos, o ídiche permaneceu como língua integrante da comunidade. Ao reduzir-se o repertório das novas gerações para entender a língua, seguiu-se o declínio da atividade teatral em ídiche. Os novos grupos passaram a expressar-se em português, mantendo o elo cultural com os anteriores bem vivo, daí resultando uma integração gradativa.

Apresentamos, ainda, trechos de depoimentos colhidos nas entrevistas realizadas com Boris Cipkus, ator e filho do casal Mile e Rosa Cipkus, atores do elenco profissional local, e com Póla Rainstein, representante de destaque das três etapas vividas pelo elenco amador, no Dram Kraiz do Iugent Club e do Centro Cultura e Progresso e no Grupo de Teatro do Instituto Cultural Israelita Brasileiro, bem como um conjunto de imagens referentes às peças encenadas, incluindo fotos, programas e cartazes. Assim, evidencia-se a relação da atividade cênica local com os centros que lhe deram origem no espaço leste-europeu, ou que lhe proporcionaram a continuidade no Novo Mundo, apontando as companhias itinerantes que aqui estiveram, além dos diretores visitantes que montavam os seus espetáculos com atores locais.

Não podemos ainda deixar de fazer referência à contribuição do teatro ídiche ao teatro brasileiro, que foi significativa, embora pequena, na medida em que propiciou o aparecimento de novos talentos, a exemplo de Berta Loran (Berta Ajs), José Serber, Dina Sfat, Riva Nimitz, Tereza Rachel, Elias Glezer,

Ana Mauri (Ana Dobromil ou Ana Golombek), Felipe Wagner, Marcos Plonka e outros, além das peças do repertório judaico que, hoje, também fazem parte do repertório clássico brasileiro, como *O Dibuk*, de Scholem An-Ski, e *O Violinista no Telhado*, de Scholem Aleikhem.

O Teatro Ídiche no Contexto da Corrente Migratória Judaica em São Paulo

Ao final do século XIX, a população judaica no Brasil era pequena, consistindo em apenas trezentas pessoas. A maioria veio com o surto da borracha para o Amazonas. No Rio de Janeiro, encontravam-se imigrantes compostos de trabalhadores especializados e profissionais vindos da Inglaterra, Alsácia-Lorena, Alemanha e Polônia.

Em 1901, o Rio Grande do Sul foi considerado um bom lugar para imigrantes perseguidos por motivo religioso no Império Russo. Entre 1904 e 1924, a Jewish Colonization Association instalou duas colônias agrícolas na fronteira desse estado com a Argentina. As dificuldades com a vida agrícola, seguida de insucessos, por falta de competência e lacunas na orientação, provocaram a migração desses grupos para o Rio de Janeiro e São Paulo.

A imigração judaica para o Brasil entre os anos de 1901 até 1914, totalizou 8750 pessoas. Quase metade da população urbana vivia em São Paulo, Rio de Janeiro e, no Rio Grande do Sul, em Porto Alegre. A maioria que continuava a buscar refúgio nessas cidades vinha do Leste Europeu de fala ídiche[1].

---

1 J. Lesser, *O Brasil e a Questão Judaica*, p. 316.

Muitos judeus se apresentavam como agricultores para conseguir passagens subsidiadas pela entidade Jewish Colonization Association. Uma vez em Porto Alegre, conseguiam passagem para São Paulo, com a promessa de que trabalhariam em plantações de café. O trem os trazia até a Estação da Luz, ao lado da rua José Paulino.

Assim, progressivamente, estruturou-se a vida judaica ano após ano, com instituições de assistência aos imigrantes, escolas, bibliotecas e casas de culto. Os judeus que tinham habilidades profissionais, tais como alfaiates, chapeleiros, mecânicos e sapateiros, chegaram em período muito propício, uma vez que a indústria emergente necessitava desse tipo de mão de obra. Eles eram auxiliados por empresas de crédito que forneciam recursos para abrir uma pequena fábrica, oficina ou loja. Aqueles que não possuíam nenhum recurso, entravam para o ramo de mascates, ocupação que não exigia maiores habilidades, nem recursos materiais. Essa atividade de mascatear constituiu uma parte muito importante na sobrevivência econômica dos que aqui chegavam.

A maior parte das energias desses imigrantes era direcionada para o sustento e a moradia. Mas, com o passar do tempo, sobrava um tempinho para o lazer. As pessoas se organizavam para se encontrar em atividades sociais e culturais. Os judeus da Europa vinham de centros onde a vitalidade cultural era efervescente. O gosto pelo teatro estava no repertório de muitos imigrantes. Embora a população fosse pequena, já era suficiente para preencher a plateia do teatro.

Os novos imigrantes encontravam aqui em São Paulo um mercado receptivo para uma população mais familiarizada com profissões urbanas. A atriz Póla Rainstein, no seu depoimento, relata que esta era a propaganda mais forte que circulava na Polônia, de boca em boca. Quem chegasse aqui não teria problemas. A realidade não era tão cor-de-rosa, como atestam os cadernos de capa dura contendo as inscrições dos imigrantes para obter uma colocação profissional. A exemplo de um pianista que conseguiu um emprego de lavador de pratos, de engenheiros empregados como porteiros, do dentista que não conseguia revalidar o diploma e foi trabalhar como balconista de loja. A grande maioria, em razão da dificuldade com a língua, e contando com a ajuda de pequenas manufaturas e fábricas de confecções já existentes e dos patrícios que confiavam as mercadorias aos recém-chegados, tornava-se vendedor ambulante (*clienteltschick*). Os imigrantes que já estavam por aqui saudavam os que chegavam. A princípio, de maneira informal, porém precisa nas suas finalidades, lançando as sementes de instituições organizadas.

Nachman Falbel cita a existência de poucas fontes que restaram para o estudo da vida judaica no século xx no Brasil[2]. Entre essas, menciona o jornal *A Columna*, publicado no Rio de Janeiro pelo professor David José Perez, onde constam notícias alusivas às instituições paulistas. Falbel refere-se ainda a um artigo publicado em 1916 no órgão acima mencionado, com o título de "Impressões de São Paulo", assinado pelo presidente da primeira Organização Sionista do Rio de Janeiro, Max Fineberg, descrevendo "uma vida comunitária paulista interessante, estável e participativa na sociedade local, com correligionários e suas famílias com boa situação financeira, adaptados à vida local".

Entre as instituições existentes na época, encontra-se A Sociedade Philo Dramática, a qual reunia uma centena de filiados, entre pesssoas que apreciavam literatura, música clássica e teatro. *A Columna* de novembro de 1916 menciona a realização de um concerto em benefício dos que ficaram na Europa, cujo programa e reportagens são a seguir transcritos do livro de Nachman Falbel:

1ª. PARTE
    1. SIMONETTI-Madrigal: Srtas. Luiza Klabin e Vida Aschermann; Srs. Horácio e Jacob Lafer
    2. CHOPIN – 2 estudos: Sr. João de Souza Lima
    3. WAGNER-Lohengrin, Marcha Nupcial-Quartetto: Srta. Klabin; Srs. Assmann, Horácio e Jacob Lafer.

2ª. PARTE
    4. Conferência pelo Dr. David J. Perez (d'A Columna)

3ª. PARTE
    5.   a) SAINT SAENS – Los Sinos de Las Palmas

---

2 N. Falbel, *Estudos Sobre a Comunidade Judaica no Brasil.*

88 ENSAIOS DE UM PERCURSO: O TEATRO ÍDICHE EM SÃO PAULO

b) LISZT – Rapsódia – Srta. Ottilia Machado de Campos
6. DIAZ – Arioso da ópera Benvenuto Cellini – Sr. Roger Mesquita
7. BEETHOVEN – Concerto em cadência de Joaquim – Sr. Professor Carlos Aschermann

Ao piano, o sr. Professor Souza Lima.

Em seguida, passou-se à tômbola e leilão de objetos ofertados para o mesmo fim humanitário.

Os bilhetes de ingresso foram vendidos ao preço de 10$000 cada um por distintas damas da nossa colônia nessa cidade, notando-se entre elas as Exmas. Sras. D. Bertha Klabin e filhas, D. Golda Tabakow. Auxiliaram--nas nesse trabalho os Srs. Fischman, Weissman e Alexandre Algranti, dedicado correspondente de *A Columna* nesse estado.

Entre as pessoas presentes, notamos as famílias Klabin, Tabacow, Levy, Lichtenstein, Worms, Zlatopolsky, Dranger, Gordon, Schneider, Lerner, Kaufman, Nebel...

[...] Dentre os que tomaram parte na aquisição de objetos por ocasião do leilão, lembramo-nos dos Srs. Maurício Klabin, Isaac Tabacow, Hugo Lichtenstein, Salomão Klabin, Miguel Lafer, Milman, J. Weissman, José Kaufman, Jacob Zlatopolsky, Nahum Lerner, Nebel, Gerson Levy, R. Gordon, Fischman, Teperman, H. Kadicseviz, Muchnik, Alexandre Algranti e Beresowsky[3].

Ainda no ano de 1916, o jornal menciona a existência da Biblioteca Israelita, com um acervo em língua ídiche e hebraica, tendo uma frequência muito significativa de leitores.

O ônus e a responsabilidade de apoio ao recém-chegado recaíam sobre os membros radicados há mais tempo no Brasil e que já tinham adquirido uma boa situação financeira, permitindo-lhes ocupar-se dos novos imigrantes que aqui aportavam.

Em 15 de junho de 1915, Olga Tabacow, Berta e Luba Klabin e Olga Nebel olharam em volta e não viram nenhum local ou sociedade que prestasse um serviço social aos pobres. Resolveram, então, transformar as salas de visitas de suas casas em postos de assistência. Ali, elas alimentavam, davam roupas, orientação e um pouco mais de esperança à vida de muita gente. Os que precisavam de hospital eram encaminhados ao Hospital Santa Catarina e atendidos pelo doutor Walter Seng.

O número de imigrantes começou a crescer, e o movimento de ajuda dessas senhoras passou a chamar Sociedade Beneficente das Damas Israelitas. Durante mais de quinze anos, quase

3 Idem, p.110-112.

tudo era realizado por elas! A distribuição de leite, inscrição de sócios contribuintes, dos quais cobravam mensalmente de porta em porta, confecção de sapatinhos de tricô e pedidos de emprego para alguém que não soubesse fazer nada.

No decorrer desses anos, o Círculo Israelita cedeu uma sala em sua sede para essas damas, sendo esse o primeiro reconhecimento do seu trabalho.

Em 20 de maio de 1916, foi fundada a Sociedade Israelita de Beneficência Ezra, que teve um papel digno na geração de uma comunidade saudável e esperançosa, conseguindo empregos e atendendo às necessidades básicas dos recém-chegados. Entre os fundadores da Ezra constavam os seguintes nomes: José Kauffmann, José Nadelman, Salomão Lerner, David Beresovsky, Isaac Tabacow, Jonas Krasilchik, Bóris Wainberg, Ramiro Tabacow, Isaac Ficker e outros.

A sinagoga da rua da Graça também é da mesma década, fundada em 1912 e reconstruída em 1957, após a aquisição de terrenos adjacentes à pequena casa onde a congregação se reunia.

Os nomes dos correlioginários que fundaram essa sinagoga estão afixados na parede da sua entrada; homenagem mais do que justa para os que se dedicaram ao bem-estar de seus irmãos de fé, oferecendo a infraestrutura que tanto ansiavam obter.

Nessa placa de homenagem constam os seguintes dizeres:

SINAGOGA COMUNIDADE ISRAELITA
FUNDADA EM 1912 – RECONSTRUÍDA EM 1957

FUNDADORES
Isaac Tabacow, Bernardo Nebel, R. Dranger, Yoine Krasilchik, Yom Tov Shneider, David Beresovsky, José Schvartzman, Jacob Nebel
COMISSÃO CONSTRUTORA
Cesar Krasilchik – Presidente; Azriel Leon Raw – Vice-Presidente; Guilherme Krasilchik –Secretário; Nathan R. Bortman – Tesoureiro
COLABORADORES
Isidoro Chansky, Emílio Berezovsky, Paulo Frist, Oscar Jardanovsky, Abraham Diksztajn–Gabai 1955/57, Luiz Fridschtein – Gabai
BENFEITORES
Dr. Horácio Laffer, Dr. Moysés Kauffman, José Tabacow, Henrique Pekelman, José Tjurs, Jacob Rosset, Boris Epstein, Maurício Petresky, Jaime Kilinsky, Maurício Chazan, Ismael Rabinovich, Wilhelm Bachman, Leon Bilder, Maurício Flank, Saul Goldenberg, Jacob Szlama Feferman, Marcos Gorodesky, Zelman Hamer

90 ENSAIOS DE UM PERCURSO: O TEATRO ÍDICHE EM SÃO PAULO

HOMENAGEM PÓSTUMA
Abram Moishe Fefferbaum, Aron Goldenstein, Carlos Ostronoff, Hugo Lichtenstein, Herschel Schechtman, Dr., Isaac Nissim Aizemberg, Isaac Roitburd, Jacob Kuperchmidt, José Kauffmann, Leib Hersch Werdeshein, Moyses Ostronoff, Rafael Lichtenshtein

A maior parte da vida religiosa da comunidade paulista desse tempo era restrita a algumas poucas sinagogas, que não passavam de casas improvisadas (*schtibel*), para a realização de cerimônias religiosas. Mas, no decorrer do tempo, foram as sementes das sinagogas que existem até hoje. Em 1916, fundou-se a sinagoga da rua Newton Prado, denominada Sinagoga Knesset Israel (Sociedade Israelita Paulista).

A educação estava muito arraigada na perspectiva dos pais em relação ao futuro de seus filhos. A primeira escola judaica foi fundada em 1916, com o nome de Talmud Torá, iniciando as suas atividades com 23 alunos.

Nesse período, a declaração Balfour, de novembro de 1917, inspirou a adesão e criação do primeiro movimento sionista Ahavat Sion. Nachman Falbel faz referência ao jornal *A Columna* que, em agosto de 1917, anunciou a realização do I Congresso Israelita no Brasil.

Nessa notícia relatava-se que, em 14 de julho, reuniram-se vários membros da colônia israelita desta cidade para tratar de levar a efeito uma grande manifestação de solidariedade nacional com seus irmãos de raça, que ora se agitam em todo o mundo em prol da reconstituição definitiva e firme de sua histórica pátria judaica no território da Palestina.

A verdade é que o congresso não chegou a ter atuação efetiva, mas serviu como ideia preparatória para a criação de uma organização sionista mais ampla e que expressaria os sentimentos nacionalistas do judaísmo brasileiro. O comitê organizador do I Congresso recebeu cartas de solidariedade de lugares diversos, tais como Curitiba e Araraquara e de estados como Bahia, São Paulo, Pará, Amazonas, Pernambuco, Ceará e outros[4].

Em 1922, era fundado o Ginásio Hebraico-Brasileiro Renascença, na esquina da rua Amazonas com a rua Três

4 Idem, p. 83.

Rios. Leon Raw foi seu primeiro diretor. A comunidade passou a dispor, então, da primeira escola que proporcionava aos seus alunos ensino judaico formal e diploma do primário, pois era uma escola reconhecida oficialmente pela Secretaria da Educação.

Em 1923, instalou-se a Chevra Kadisha, com a inauguração do cemitério da Vila Mariana.

Até o final dos anos de 1920, o atendimento comunitário ampliou-se por meio das seguintes entidades: Comunidade Israelita Sefardita (1924), Sinagoga Israelita do Brás (1925), Organização Feminina Wizo (1926), Clube Esportivo Israelita Brasileiro Macabi (1926), Sociedade Cooperativa de Crédito Popular (1928), Sinagoga Sefaradi da rua da Abolição (1928), Sociedade e Sinagoga da rua Odorico Mendes (1928), Policlínica Linath Hatzedek (1929), Templo Beth-El da rua Martinho Prado (1929).

Na década de 1930, foram criadas mais as seguintes entidades: Sinagoga Israelita Paulista, da rua Augusta (1931), Associação Cultural B'nai Brith (1931), Gota de Leite da Ofidas (1932), Ginásio Talmud Torá (1932), Comissão de Assistência aos Refugiados Alemães (1933), Confederação Israelita do Brasil (1934), sinagoga Beit Itzchok Elchonon, da rua Prestes (1936) e a Congregação Israelita Paulista (1936). Esta última criou o jornal *Crônica Israelita*, sob a batuta do jornalista Alfred Hirshberg, de saudosa memória.

Para a grande maioria desses imigrantes, o idioma comum era o ídiche, por meio do qual ocorreu a comunicação pessoal, o registro e a divulgação das atividades das instituições comunitárias e o acompanhamento dos noticiários nacional e internacional.

Estabeleceu-se, assim, a imprensa judaica em língua ídiche, citando-se, em São Paulo, *Der Ídicher Gezelshaftlicher Un Handels Biuletin* (Boletim Social e Comercial Judaico), fundado em 1928, *Di Ídische Velt* (O Mundo Israelita), também fundado em 1928. Em 1929, a *Folha da Manhã* publicava encartes destinados a vários grupos de imigrantes, entre eles a *Folha Israelita*, em ídiche. Seguiram-se o *San Pauler Ídische Zeitung* (Jornal Israelita de São Paulo), *Ha-Schakhar* (A Aurora) e, mais tarde, *Der Naier Moment* (O Novo Momento), fundado em 1950.

Embora os novos imigrantes se preocupassem, prioritariamente, com atividades para o sustento da família, dedicaram parte do tempo à reconstrução de sua ambiência social e cultural. Criaram-se, desssa maneira, as associações de imigrantes procedentes de localidades afins, as sinagogas e as escolas.

Particularmente, os judeus identificados com o pensamento progressista dedicaram-se a atividades culturais e sociais, por meio de palestras, biblioteca, coral, teatro e bailes. Fundou-se, assim, o Iugent Club (Clube da Juventude), cuja primeira sede localizou-se à rua General Couto de Magalhães e, a seguir, transferiu-se para a rua Amazonas. Em meados dos anos de 1930, o Iugent Club mudou-se para o sobrado da rua José Paulino, 144, defronte à rua Carmo Cintra e, logo depois, para outro sobrado, no número 515 da mesma rua. Por volta de 1942, o Iugent Club mudou-se para a rua José Paulino, 64, 2º andar, sob o nome de Centro Cultura e Progresso e, daí, para o Instituto Cultura Israelita Brasileiro (Casa do Povo), com sede atual à rua Três Rios, 252, no Bom Retiro. A Escola Scholem Aleikhem, inaugurada em 1949, nas dependências do Icib, manteve o ensino da língua ídiche, até ser desativada em 1981.

Alguns dos frequentadores do Iugent Club tinham vivência teatral em seus países de origem, o que facilitou a criação do Dram Kraiz (Grupo Dramático).

Essa geração que construiu toda uma vida comunitária possuía uma receptividade de grande potencial para todos os tipos de manifestações culturais. Esse foi o solo fértil que o teatro ídiche encontrou para se apresentar.

Panorama do Teatro Ídiche em São Paulo de 1913 a 1970

1913

A primeira peça que temos notícia foi encenada no Teatro São José. A nota está publicada no jornal *O Estado de S.Paulo* do dia 23 de julho de 1913, na seção Palcos e Circos. A Companhia Israelita de Variedades apresentou-se sob a direção de Arnold Haskel, tendo Bernardo Mandelbaum Amandier como empresário. Na página 2, encontramos os seguintes comentários sobre o espetáculo:

> Estreou ontem, nesse teatro, a Cia. Israelita de Variedades. Representaram-se três engraçadas comédias, cujo desempenho mereceu da numerosa assistência fartos aplausos. Do espetáculo, o que mais agradou foram as canções israelitas, algumas das quais foram bisadas.
>
> O espetáculo consistiu, na primeira parte, da opereta *Shullamis*, de Abraham Goldfaden; seguindo-se a engraçada comédia *Depois do Casamento*, em um ato, de Arnold Haskel"; a "magnífica série de canções nacionais israelitas", interpretadas pela Troupe Tscherpanoff com suas "célebres bailarinas e cantantes russas"; para finalizar com a comédia em um ato *Os Dois Vagabundos*, de Abraham Goldfaden.

Esse grupo se apresentou nos dias 23 a 27 com repertórios diferentes. No dia 24 de julho, o programa constou de três peças: *O Hóspede do Outro Mundo* (comédia de Arnold Haskel); *Lisa Clop* (comédia de Feinman) e *Pérolas* (drama de Arnold Haskel), complementando-se com a apresentação dos conjuntos de dança e canto Les Canadians e Troupe Tsherpanoff.

O programa do dia 25 de julho constou da encenação do drama *O Ciumento* e da comédia *Os Dois Vagabundos*, de Abraham Goldfaden. Como nas sessões dos dias anteriores, os conjuntos Les Canadians e Troupe Tsherpanoff complementaram a noitada de sucesso.

Na noite de 26 de julho, a companhia representou *Chaie im Shmaie* e *Devemos Ser Homens*. Nessa sessão, prestou-se calorosa homenagem à atriz Albertina Sifser.

No último dia, 27 de julho, houve dois espetáculos: uma matinê às 16 horas e, à noite, às 20h45. Na matinê, o repertório incluiu: *Chaie im Shmaie*; grupo Les Canadians; canções e *Devemos Ser Homens*. À noite, a programação constou do drama em um ato *O Trabalhador*; Les Canadians e Troupe Tsherpanoff; a comédia *O Hóspede do Outro Mundo*, de Arnold Haskel e canções.

Nos seis anos seguintes a 1913, as fontes pesquisadas não registraram qualquer informação sobre espetáculo em língua ídiche. É preciso sublinhar que as companhias eram pequenas, sem recursos até para um simples anúncio na imprensa.

1920

Na mesma seção Palcos e Circos, do jornal *O Estado de S.Paulo* de 17 de julho de 1920, encontramos a seguinte notícia:

> Deu ontem no Teatro São José, o primeiro dos três espetáculos que ali pretende realizar a Cia. Israelita dirigida pelo ator Adolpho Fraiman. Num dos intervalos, o tenor israelita José Epstein cantou em italiano algumas romanzas. Assistência regular. Foi apresentada em dialeto a peça de 5 atos de Karlos Gutskov, *Uriel Acosta*.

Durante essa temporada, no Teatro São José, no dia 17 de julho, o espetáculo apresentado foi o drama de Alexandre Dumas, *Kean*. Na crítica do dia 19, da seção Palcos e Circos, se lê o seguinte comentário a respeito da apresentação do dia 18: "O drama de 4 atos *Cadáver Vivente*, de Leon Tolstói, constituiu o programa de ontem à noite no São José, que obteve assistência bastante numerosa. A interpretação dada aquela peça, pelos artistas da Cia. Israelita foi boa, tendo os principais intérpretes recebido merecidos aplausos do público". O protagonista foi o ator Adolpho Fraiman.

1928

Apenas em 6 de junho de 1928, uma nota em Palcos e Circos noticia o espetáculo *A Mocinha do Internato*, de Schora, no Teatro Boa Vista. A Companhia Israelita de Operetas tinha como maestro D. Beiguelman. Os atores principais e a direção estavam por conta de Viera Kanievska e Paul Breitman. No dia 7 de junho, a peça apresentada foi *Amor no Cáucaso*, opereta em três atos de Schora, com D. Beiguelman regendo a orquestra.

A Companhia Israelita de Dramas e Comédias, em 16 de junho, apresentou a peça *Tchias Hameissim* (Ressurreição), de Leon Tolstói, em quatro atos. A atriz principal foi Mina Akselrad, sem que o anúncio mencionasse outros atores. O nome de Itzchak Lubeltschik é mencionado como diretor, mas provavelmente deve ter sido o empresário, atividade à qual se dedicou por décadas, sem ter deixado boas lembranças. Viciado em corridas de cavalos, na maioria das vezes o dinheiro ia para as apostas, e os atores ficavam sem receber o pão daquele dia. O empresário era indiferente às necessidades dos seus atores contratados, mas tinha um vasto relacionamento e transitava bem no meio teatral, o que lhe permitiu trazer muitas companhias que, na maioria das vezes, saíram muito prejudicadas nos seus ganhos.

1932

A década de 1930 é melhor documentada, uma vez que os jornais em língua ídiche consolidaram sua circulação e os imigrantes começaram a dispor de melhores recursos para os eventos culturais. Havia, efetivamente, uma atividade teatral já presente, uma vez que os grupos visitantes dispunham de atores locais para completar seus elencos.

96 ENSAIOS DE UM PERCURSO: O TEATRO ÍDICHE EM SÃO PAULO

No ano de 1932, registrou-se apenas a encenação da peça *Di Rumeinishe Chassene* (Casamento Romeno), opereta de autoria de Josef Rumshinky. A companhia de Ester Perelman e Itzkhak Deutch foi a responsável pela apresentação, tendo ambos atuado com Lisa Maximova, José Wainstein, Moysés Gutovitch, Ana Kertzman, David Mandel e Jacob Weltman.

1933

Essa mesma companhia apresentou, na primeira metade de 1933, cinco espetáculos, incluindo a opereta *Chaike in Odess* (Chaike em Odessa), os dramas *A Heim Far a Mamen* (Uma Casa Para a Mãe), *Di Eibike Naronim* (Os Tolos Perpétuos), *Provocator Azef* (Promotor Azef) e a opereta *Di Shlechte Froi* (A Mulher Má). Destaque especial merece a inclusão no elenco do casal Mile Cipkus e Rosa Laks (ou Rosa Cipkus), que viriam a contribuir de maneira expressiva ao Teatro Ídiche em São Paulo.

Em outubro, a seção Palcos e Circos anunciou uma temporada de operetas, no Teatro Santanna, a saber: no dia 1º, *O Palhaço Cego*; no dia 5, *Hallo Mama*; no dia 8, *Casamento da Galícia*; no dia 13, *O Grande Amor;* e no dia 22, *Canção de Menor.* Os papéis principais estavam a cargo dos atores Salomon e Clara Stramer, Israel Feldbaun e Elsa Rabinovich, de Buenos Aires, e, novamente, com a participação de Mile Cipkus.

A edição de 22 de outubro de *O Estado de S.Paulo* noticiou:

> Despede-se hoje do público do Santanna, a Cia. Israelita. Para esse espetáculo, que será realizado às 21 horas, foi escolhida uma nova opereta, intitulada "Canção do Menor". No seu desempenho tomarão parte os principais elementos do conjunto. A Cia. Israelita de Operetas segue para o Rio de Janeiro, onde pretende realizar curta temporada no Teatro República, regressando depois a São Paulo, com um repertório inteiramente novo.

1934

Data de 1934 o primeiro registro de encenação do grupo teatral Dram Kraiz do Ainhait Club, sediado à rua José Paulino, 144, "sobrado", no Bom Retiro. Como se verá adiante, esse grupo foi sucedido pelo Centro Cultura e Progresso e, a seguir, pelo Instituto Cultural Israelita Brasileiro.

Jacob Weltman, David Brasilavsky, Bela Vissotzka, Shepsl Ziskind, Renina Beiguerman, Joechen Orenstein, Abrão Galitzky, Leizer Krain, Bela Kaminetzky, Ione Szpektor, Mina Arlinsky, Adelia Shapira e Perl Leiner compuseram o elenco, sob a direção de A. Kaleguium, para encenar o drama *Der Provocator* (O Promotor), de Waksman, enfocando a condição dos trabalhadores sob o regime czarista em 1908.

A produção teatral do Ainhait Club complementou-se, em 1934, com as apresentações de *Aguentn* (Agentes), comédia de Scholem Aleikhem, e *Der Ganev* (O Ladrão), drama de Mark Orensztein. É pitoresco registrar, no programa de espetáculos, a finalização com baile animado por uma *jazz band*.

A temporada teatral de 1934 incluiu a participação da Companhia de Ester Perelman e Itzkhak Deutch, com a comédia de Scholem Aleikhem, *Tévye, der Milkhiker* (Tévye [ou Tobias], o Leiteiro), sob a direção de Itzkhak Deutch.

No mesmo ano, Peisechke Bursztein, famoso como "o assobiador", apresentou-se para o público de São Paulo. O recital, por ele próprio solicitado ao empresário Itzchak Lubeltschik, ocorreu no Teatro Municipal, onde, entre outros números, assobiou trechos das óperas *La Traviata* e *Rigoleto*.

É pitoresco o relato do próprio Bursztein sobre essa passagem por São Paulo, registrado em sua autobiografia:

naquela noite, conheci o mundo da alta, a nata da sociedade – os Klabin, milionários de verdade, em cuja residência fiquei hospedado durante uma semana; Boris Danemann e sua família, com quem privei de duradoura amizade, incluindo sua filha Margot, residente em Israel. Nunca esquecerei aqueles bons tempos no Brasil[1].

Outro feliz episódio foi narrado por Peisechke Bursztein, quando da sua estada em São Paulo, no ano de 1934. Com efeito, ao sair numa das noites à busca de um restaurante, chamou um táxi. Qual não foi a sua surpresa ao verificar que o motorista, de nome José (Iossl), falava um excelente ídiche.

1 *Gueshpilt a Lebn*, Tel Aviv, [s.n.], 1980, p. 203.

O entendimento foi tão excepcional que permaneceram juntos toda a noite. Daquele dia em diante, Iossl tornou-se motorista particular de Peisechke, até a sua despedida. Mais tarde, Bursztein soube que Iossl recebera uma polpuda herança e se tornara um bem-sucedido empresário do ramo hoteleiro. A amizade de José Tjurs e Bursztein prolongou-se durante muitos anos, tendo o ator e família sido hospedados várias vezes nos hotéis de Tjurs. Ao encontrar-se com Bursztein em Nova York ou em Israel, Tjurs narrava como o ator não se envergonhara em convidar um simples motorista de táxi para jantar num local elegante. *A Taier Id* (um judeu boa gente) era como Peisechke denominava José Tjurs.

A temporada de 1934 completou-se com a comédia *Shver Tzu Zain a Id* (É Difícil Ser Judeu ou, como também é conhecida, Aposta Trágica), de Scholem Aleikhem, interpretada integralmente pelo elenco local, constituído pelo casal Mile e Rosa Cipkus, Jacob Weltman, José Wainstein, Lisa Maximova, Abram Elinger, David Mandel, Jaime Galperin, I. Tuguel e B. Lerner.

1935

O ano de 1935 marcou a primeira vinda ao Brasil de Zygmund Turkow, fundador do Teatro Israelita Vikt – Varschever Ídicher Kuns-Teater (Teatro Judeu de Arte de Varsóvia). Tendo como palcos os teatros Cassino Antártica e Santanna, Turkow encenou e dirigiu as peças *Izkor,* de Harry Sekler, e *Kidusch Haschem*, de Scholem Asch.

No mesmo ano, a comunidade paulista recebeu mais uma vez o ator Peisechke Bursztein, que encenou *Bandido Gentleman*, opereta de autoria do maestro Kalisch, ao lado de grande elenco organizado pelo empresário Itzchak Lubeltschik.

1936

Doze peças compuseram o ano teatral de 1936, destacando-se as companhias visitantes de Dvoire Rosenblum e Nuchem Melnik, Samuel Goldenberg e Jacob Ben-Ami.

PANORAMA DO TEATRO ÍDICHE EM SÃO PAULO DE 1913 A 1970

Rosenblum e Melnik encenaram *Di Groisse Ierishe* (A Grande Herança), do próprio Nuchem Melnik, *Di Grine Felder* (Campos Verdes), de Peretz Hirschbein, *Urca, o Valente*, e, na despedida, em 18 de março, *Charute* (O Penitente), de Lev Tolstói.

A companhia de Samuel Goldenberg, incluindo os atores locais, interpretou *Crime e Castigo*, de Dostoiévski, *Tio Moisés*, de Scholem Asch, *Oif der Elter* (Na Velhice) e *Der Futer* (O Pai), de Bergelson.

Jacob Ben-Ami e elenco apresentaram *O Poeta Ficou Cego*, de H. Leivik, *Seu Pai Israel*, de Dani Berenstein, e *O Idiota*, de Dostoiévski.

No final de 1936, a Companhia Ídiche Popular Stabile iniciou as suas atividades, com a apresentação, em 27 de dezembro, da peça *Der Fremder* (O Estranho), de Jacob Gordin.

Uma curiosidade a ser destacada se refere às capas dos programas das peças *Der Futer* (O Pai) e *O Poeta Ficou Cego*, ambas desenhadas por Tarsila Amaral.

1937

A temporada de 1937 teve um saldo de dezessete peças, a maioria das quais encenadas pelos grupos teatrais locais. Em treze dessas peças encontramos o ator Mile Cipkus, incluindo as interpretações de *Tzu Shpeit* (Muito Tarde); *Corações à Venda*, *Ihr Groisse Sod* (Seu Grande Segredo), *Far Ihre Kinder* (Pelos Seus Filhos); *Zindeke Mames* (Mães Pecadoras); *Dos Chupe Kleid* (Vestido de Noiva), de Sigal; *Myrele Afert*, de Jacob Gordin; *Ihr Goldener Cholem* (Seu Sonho Dourado); *Idisher Chassene* (Casamento Judaico), *Ich Vil A Kind* (Grito da Consciência), de Zygmund Turkow; *Pinie Fun Pintchev*, opereta de Fraiman; *Kopel Kive Vert a Tate* (Kopel Kive Torna-se Pai); e *Shloime Zolmens Chassene* (Casamento de Shloime Zolmen).

Nesse mesmo ano, o Ainhait Club apresentou *Dos Groisse Gevins*, de Scholem Aleikhem, na sua sede, à rua José Paulino, 144, e o casal de atores Julius e Ana Natanzon foi a única visita registrada do exterior, contracenando a opereta *Der Galitzianer Chloniot* com Sofia Rafalovich, Mile Cipkus, José Weinstein e Beti Kertzman.

Após interpretar várias peças com o elenco local, ocorreu a despedida da atriz Jenny Goldstein, em 8 de agosto, com a interpretação de *Dos Gassen Meidl* (A Prostituta), no Teatro Santanna.

Destaque para os programas dos espetáculos no Teatro Municipal, que continuaram sendo objeto do maior cuidado, desta vez desenhados por Quirino para as peças *Nora*, de Henryk Ibsen, e *Ich Vil A Kind*, de Zygmund Turkow.

1938

O empresário Itzchak Lubeltschik promoveu a maior parte das 24 peças encenadas na temporada de 1938, com a participação dos atores, vindos do exterior, Itzchak Feld e Lola Szpilman; Clara Fridman, Heri Pat e Adolf Mide; Leo Fuks e Mirele Gruber, Irving Djeicobson e Mei Scheinfeld, e Chaiele Graber, que contracenaram com os atores do elenco local Sofia Rafalovich, Mile e Rosa Cipkus, Herman Klackin, José Weinstein, Abram Goldgewicht, Regina Lubeltschik e Jaime Galperin.

O maestro Armando Belardi regeu a orquestra que executou os arranjos de Scholem Secunda para as apresentações de Itzchak Feld e Lola Szpilman, no Teatro Cassino Antártica, nas operetas *Chaim Schies Gliken* (As Alegrias de Chaim Schie) e *Itshe Meier Fun Varshe* (Itshe Meier de Varsóvia).

O elenco de Clara Fridman, conhecido nos palcos de Buenos Aires, apresentou-se com as peças *Ieder Frois Farlang* (Cada Desejo de Mulher), *A Tog Far Der Chupe* (Véspera de Casamento), *Der Tantz Farn Toit* (A Dança Antes da Morte).

Leo Fuks e Mirele Gruber contracenaram as operetas *Naftali Petrutshke* e *Der Shtot Mechugener* (O Louco da Cidade).

Irving Djeicobson e Mei Scheinfeld, por sua vez, apresentaram as operetas *Oi America*, *Der Varshever Landsman* (Patrício de Varsóvia), *Bai Mir Bistu Shein* (Você É Linda Para Mim), *Shmyie de Chnifishak* (Shmyie de Chnifishak) e *Mazel Tov, Mame* (Boa Sorte, Mamãe), trazendo famosos arranjos musicais de Scholem Secunda.

Chaiele Graber, do elenco do Teatro Habima de Israel, brindou o público com as apresentações de *Noch Kfura*, de I.L.

Peretz; *Shabes in Main Heim* (Sábado em Minha Casa) e *Der Dibuk*, de Scholem An-Ski.

O ano teatral de 1938 registrou, ainda, a temporada de Dvoire Rosenblum e Nuchem Melnik, com as peças *Dos Groisse Gevins* (A Sorte Grande), de Scholem Aleikhem, *Di Velt Shokelt Zich* (O Mundo Treme), com acompanhamento da pianista Ana Stela Schik, e *A Fremd Kind* (O Filho dos Outros), comédia de A. Shmulevich.

Os ecos da Segunda Guerra Mundial só foram ouvidos no palco de São Paulo em 1938, com as apresentações da atriz Bertha Gutentag, nas peças *Der Eintziger Veg* (O Único Caminho) e *Farshpilte Velt* (Mundo Perdido).

Bela Belarina e Boris Oierbach completaram o desfile de artistas estrangeiros, com as peças *Varshe Bai Nacht* (Varsóvia à Noite) e *A Froi Far Ale* (Mulher de Todos).

Em 2 de outubro de 1938, o Dram Kraiz do Iugent Club enalteceu a obra do assim considerado pai do teatro ídiche, Abraham Goldfaden, por ocasião do 30º aniversário do seu falecimento, encenando *Beide Kuni Lemels* (Os Dois Kuni Lemels), no Teatro Luso Brasileiro.

1939

No início de 1939, Bela Belarina e Boris Oierbach despediram-se do público, com a peça *Di Mutter* (A Mãe), de Maksim Górki.

Dois espetáculos foram promovidos pelo Iugent Club, em 1939: a opereta *A Bunt Mit a Stashke* (Levante Com Revolta), de N. Buchwald, B. Fenster e Iaacov Scheiffer, com a participação de coral regido pelo maestro Althausen, com cenários de Maurício Grin; e o drama *Scholem Shwartzbard*, de Alter Katzisne, tendo Póla Rainstein no papel da Senhorita Grinberg e seu genro, José Sendacz, nos papéis de Semdach e Yankl, acompanhados de grande elenco.

Shifrele Lerer contracenou, naquele ano, com Samuel Goldenberg, Abram Sztraitman, Mina Akselrad, de Buenos Aires, e os atores locais Sara Fridman, Simon Buchalsky e Jacob Weltman, na peça *Tévye, der Milkheker*.

1940

O ano teatral de 1940 iniciou com o espetáculo promovido para angariar fundos para a família de Mile Cipkus, recentemente falecido. Na ocasião, o elenco de Buenos Aires, entre os quais Sara Fridman, Simon Buchalsky e Jacob Weltman, apresentou a peça *Charute* (O Penitente), de Tolstói.

Esse elenco prosseguiu em São Paulo com as peças *Azoi Iz Dos Leibn* (Assim É a Vida), *Lichtingue-Fartribene Idn* (Judeus Escorraçados), denunciando a perseguição dos judeus pelos nazistas, *Der Idisher Kening Lir* (O Rei Lear Judeu) e o drama *Ioshe Kalb*, de I.I. Singer.

Comemorando o seu quinto aniversário, o grupo Hazamir, do Círculo Israelita de São Paulo, sob a direção de José Schraiber e a regência do maestro Althausen, apresentou a peça *Achashverosh* (O Rei Assuero), de Abraham Goldfaden.

Na visita a São Paulo, Paul Baratoff, ex-diretor do Teatro de Arte Russo, contracenou com o elenco local as peças *Moshke Chazir* e *Der Fremder* (O Estrangeiro), de Jacob Gordin.

Peisechke Bursztein, acompanhado de sua segunda esposa, Lilian Luks, já famosos pelas apresentações nos palcos da Segunda Avenida de Nova York, junto com artistas de Buenos Aires e dançarinas de Montevidéu, brilharam em São Paulo, com as operetas *Der Comediant* (O Comediante), *Der Freilecher Kaptzen* (O Mendigo Alegre), *Amor de Ladrão* e *Good Bye New York* (Adeus Nova York), de Fraiman; *A Chassene in Shtetl* (Casamento na Vila), de Sigal; e *Der Varshever Kanarek* (O Canário de Varsóvia), de Nachalnik; e as comédias *Di Kale Fun Poiln* (A Noiva da Polônia), de Isidor Lasz; *Gneivishe Libe* (Amor Roubado), de Alexander Olschaniecki; e *Men Ken Leibn Nor Men Lozt Nit* (Pode-se Viver Mas Não Deixam), de Rosenberg. Nesses espetáculos, a tradição teatral da família Cipkus esteve representada por Cili Teks, sobrinha de Mile. Na regência musical, destacou-se o maestro Misha Sztraitman.

Marcando a sua estreia na atividade teatral, decorridos tão somente três anos da fundação da entidade, constituída, na sua maioria, por imigrantes procedentes da Alemanha, o Departamento Juvenil da Congregação Israelita Paulista encenou *As Lendas Ressuscitam*, no salão da sua sede, à rua Brigadeiro Galvão.

No feriado da Independência do Brasil, o Teatro Municipal recebeu Simon Buchalsky, Rosa Cipkus, Herman Schertzer, Ula Lander, Victor Goldberg, Ester Perelman e Jacob Kurlender para a apresentação da peça *Chassie di Iessoime* (Chassie, a Órfã), de Jacob Gordin.

Mantendo a sua linha conceitual, o Iugent Club encenou a tragédia dos operários oprimidos, por meio da peça *Dervachung* (O Despertar)[2], de B. Tzipor, sob a direção de Rubin Hochberg, com bailados dirigidos por Leyba Mandel e regência musical de S. Boer, incluindo o próprio Rubin Hochberg, Abram Karpel, Leib Aizemberg, Mendel Steinhaus, Isaac Rubinstein, Póla Rainstein, Rywke Schiler, Guinche Kon, David Sztein, Mendel Kessenbaum, Jacob Lichtensztein e Moishe Agater no elenco. O anúncio veiculado pela Crônica Israelita destacava decorações especiais, costumes e efeitos luminosos.

A temporada de 1940 foi concluída com o retorno a São Paulo dos atores Itzchak Feld e Lola Szpilman, acompanhados do elenco de Buenos Aires e do maestro Misha Sztraitman, encenando as operetas *Main Meideles Chassene* (O Casamento da Minha Filha), *Leibn Zol America* (Viva a América), *Dos Galitzianer Rebele* (O Rebe da Galícia) e *Dos Freileche Shnaiderl* (O Alfaiate Feliz).

1941

Os primeiros dias de janeiro de 1941 tiveram a continuidade das apresentações do elenco encabeçado por Itzchak Feld e Lola Szpilman, com a apresentação das operetas *Pinie Fun Pintchev*, de Alexander Olschaniecki, e *Kopel Kive Vert a Tate* (Kopel Kive Torna-se Pai), de Sigal.

O musical *Mein Shtetele Belz* (Minha Cidade Belz), de Sigal, foi encenado nesse ano por dois elencos distintos, um liderado por Willy Goldstein e o outro por Itzchak Feld e Lola Szpilman.

De 14 de agosto a 9 de setembro, os espetáculos estiveram a cargo de Zygmund Turkow, Dvoire Rosenblum e Nuchem Melnik, coadjuvados pelo elenco local formado por Lisa Maximova,

---

2   Na pesquisa aparece dessa forma, mas parece referir-se a *Dervakhung*, drama em três atos de Boris M. Kader, publicado em 1939.

Beti Kertzman, Rosa Cipkus, Abram Etinger, Sara Fridman, Sarita Cipkus, Jacob Weltman, Simon Buchalsky, Jaime Foiguelman, Jaime Galperin e Idel Laks, na interpretação de *Der Oitser* (O Tesouro), de David Pinski; *Der Gloken Tsier Fun Notre Dame* (O Corcunda de Notre Dame), de Victor Hugo; *Der Moderner Sheilak*, de M. Gold; *Tévye, der Milkheker*, de Scholem Aleikhem. Na sessão de despedida, com a peça *Di Blondjende Shtern* (Estrelas Errantes), de Scholem Aleikhem, Zygmund Turkow foi calorosamente homenageado.

Nesse mesmo ano, o Iugent Club levou à cena *Der Dorfs Iung* (O Rapaz da Aldeia), de Leon Kobrin, no Teatro Luso Brasileiro. Apresentou-se ainda em 1941 a Seção Artística da Associação Israelita Brasileira, com os atores Julio Jacob, Max Boehm e Rodolfo Frisch, interpretando *Erev Iomtev na Casa de Rabbi Lach* (Véspera de Festa), de autoria de Werner Strassburger, no palco do Club Escandinavo, então à rua Nestor Pestana, 189. A associação tinha sido fundada em 1º de julho de 1940, com sede à rua Maranhão, 598, sendo presidida por Henrique Fix.

1942

As marcas da Segunda Guerra Mundial e o envolvimento do Brasil, com a declaração de guerra aos países do Eixo, fizeram-se sentir no teatro ídiche nos anos de 1942 a 1944, com a sua sensível retração.

Em 1942, registrou-se a apresentação da Associação Israelita Brasileira, com as peças *Zie Zeche*, *Der Selbstmoerder* e *Justiz*, em 8 de fevereiro, no Club Escandinavo, com a participação de Lili Froelich, Thea Strassburger, Paulo Baruch, Werner Strassburger, Heinrich Zwilling, Irene Beck e Romeu Feres.

O breve ano teatral de 1942 encerrou-se, em 8 de março, com a interpretação de *Di Guele Late* (A Marca da Desonra) por Dvoire Rosenblum e Nuchem Melnik, acompanhados pelo elenco constituído por Binem Orenstein, Klara Kaftal, Isaac Rubinstein, Mendel Steinhaus, Leib Aizenberg, Póla Rainstein, Abram Karpel, Mayer Kohn e Moishe Agater, integrantes do Iugent Club. Como esta peça exigiu composição de cena mais elaborada, os atores do Iugent Club ficaram à vontade para repetir as façanhas anteriores, trajando figurinos "do que cada um tem no armário" e saindo a campo na busca de móveis, cortinas e tapetes. Em particular para essa peça, aparelhos cirúrgicos foram cedidos pela Casa Fretin e móveis pela Casa César.

1943

Em 1943, as apresentações resumiram-se aos elencos locais, mesclados sob as denominações de Companhia Israelita Paulista, Grupo Paulista de Amadores Israelitas e Companhia Israelita de Comédias. As peças foram anunciadas exclusivamente com os títulos traduzidos para o português, incluindo *A Sorte Grande* (Dos Groisse Gevins), de Scholem Aleikhem; *No Vale dos Padecimentos*, de M. Kopelman; *Casamento Alegre*, de Richter; *Onde Está a Gentileza?*

1944

Da mesma forma, em 1944, os espetáculos foram promovidos por grupos locais. O Departamento Juvenil da Congregação Israelita Paulista apresentou três peças: *Histórias de Chelem*, de F. Alt; *David e Saul*; e *Portugueses e Judeus no Descobrimento do Brasil*, incluindo esta última a *Introdução ao Auto da Lusitânia*, de Gil Vicente; *Carta Mandada a El-Rey D. João III*; e *Diálogo Sobre Ressurreição*.

O grupo teatral do Centro Cultura e Progresso, sucessor do Iugent Club, interpretou *A Vitória da Justiça*, de Wolf Bresser, em 16 de julho de 1944, no Teatro Municipal, denunciando a perseguição nazista aos judeus, o inferno dos campos de concentração e profetizando a vitória da justiça. Chaim Goldfarb, Josek Rosinek, Bela e David Shor, Moishe Agater, Mendel Kessenbaum, Victor Goldberg e Jaime Galperin compuseram o elenco, ao lado de outros figurantes não citados na programação existente no Arquivo do Teatro Municipal. Ernesto Trepiccione foi o solista da orquestra, regida pelo maestro tenente Antonio Romeu, e o corpo de baile foi dirigido por Leyba Mandel.

Rubin Hochberg dirigiu o segundo espetáculo do grupo teatral do Centro Cultura e Progresso, em 1944, também no Teatro Municipal, com a peça *Uriel Acosta*, de Karol Gutskov. Integraram o elenco Jacob Fridman, Póla Rainstein, Mendel Steinhaus, Dora Zgoska, Natan Boms, Leib Aizenberg e José Rosenberg. O maestro Jaime Foiguelman regeu a orquestra.

No final de 1944, o elenco local reuniu-se sob a denominação de Grupo de Artistas Israelitas de São Paulo e apresentou a peça *Shlomke Sharlatan*, no Esporte Clube Pinheiros.

1945

A partir de 1945, o Teatro Ídiche revitalizou-se, com a encenação de doze peças no Teatro Municipal, destacando-se a presença de Zygmund Turkow na direção do Departamento de Arte Dramática da Associação Biblioteca Israelita Brasileira Scholem Aleikhem – Abibsa, do Rio de Janeiro. Duas peças foram, então, apresentadas: *Krochmalne Gas* (Rua Krochmalne), de Zygmund Turkow, e *Kidush Hashem* (O Martírio da Fé), de Scholem Asch.

Os atores Max Perelman e Guita Galina contracenaram com o elenco local *Dorfishe Princessn Fun Goldene Tzaitn* (Tempo de uma Princesa no Campo do Uriel), *Ioske Vert a Chussn* (Noivado de Ioske), *A Mazel Fun a Bocher* (A Sorte de um Rapaz), *A Grus Fun Rusland* (Saudação da Rússia), *Gezund un Meshuge* (São e Louco), *Der Leidigueier* (Por Acaso), *Di Rumeinishe Chassene* (Casamento Romeno), *Vuntsht Mir Mazel Tov* (Desejem-me Sorte) e *A Folk Vos Zingt* (Um Povo Que Canta), com Harry Neufeld ao piano, orquestra regida, inicialmente, pelo maestro Italo Izzo e, a seguir, pelo maestro Leon Gomberg, e direção de Leyba Mandel.

O grupo teatral do Centro Cultura e Progresso, sob a direção de Rubin Hochberg, e a regência musical do maestro Althausen, apresentou, no Teatro Municipal, *Der Tog Is Gekumen* (Surgiu o Dia), de M. Hashevatsky e B. Bergoltz, enfocando três gerações da comunidade judaica na Rússia: a velha ortodoxia, a geração adulta e revolucionária de 1918 e a jovem geração, surpreendida pelo nazismo.

1946

O ano teatral de 1946 registrou a encenação de 25 peças. À exceção das três promovidas pela Congregação Israelita Paulista, todas as demais foram levadas ao Teatro Municipal.

A Associação de Israelitas Poloneses (Poilisher Farband) e o coral Hazamir, do Círculo Israelita de São Paulo, juntaram--se para a apresentação apoteótica de *Shulamis*, de Abraham Goldfaden, sob a direção de José Schraiber, tendo o maestro Althausen dirigido a orquestra do Teatro Municipal.

A assim denominada Empresa Iris, de Buenos Aires, sob a direção de Salomon Stramer, encenou as comédias *A Mulher que Perdeu*, *Lua de Mel* e *De Goldene Kale* (A Noiva Dourada), de 7 de abril a 16 de junho.

Chewel Buzgan e Rywke Schiler contracenaram com o elenco local em *Tzurik Aheim* (De Volta para Casa), *Di Keitn Fun Lebn* (Correntes da Vida), *Tzulib Noit* (Por Necessidade), *Der Heiliker Flam* (A Flama Sagrada), Der Gelibter Bin Ich (O Amado Sou Eu), *Tate un Zin* (Pai e Filho) e *Viazoi di Vald Ieshive is Butel Gevorn* (Como a Ieschivá da Floresta Foi Liquidada), *Na Dir Un Vein Nisht* (Tome Isso e Não Chore).

No espetáculo de 21 de junho de 1946, Morris Schwartz fez a sua primeira aparição no teatro ídiche de São Paulo, juntando--se a Chewel Buzgan e Rywke Schiler, na interpretação de Dr. Hertzl, de autoria do próprio Morris Schwartz. Um mês após, em 20 de julho, os mesmos atores contracenaram *As Três Prendas*, com música de Josef Rumschinsky e acompanhamento ao piano do maestro Carlos Ostronoff.

Dvoire Rosenblum e Nuchem Melnik ofereceram espetáculo único em 1946, com a peça *Berel, o Alfaiate*. Max Perelman e Guita Galina retornaram ao palco do Teatro Municipal para contracenar com o elenco local *Hertzer Un Blumen* (Casamento), *Lowke Fin Odess* (Lowke de Odessa) e *A Eidem Oif Kest* (Genro com Bolsa de Estudos).

Festival de Purim, com a participação de Vilma Semans, Juliane Froelich, Eugen Transky, Harry Neufeld e Werner Strassburger, *Tio dos Estados Unidos* e *A Partida de Xadrez*, com elenco formado por Raquel Krasilchik, Manfredo Schaalman, Terezinha Sirota, Max Kernowski, Renate Leenemann,

Herbert Isay e Kurt Loeb, incluindo canções, piadas e poesias em ídiche, e *David Reubeni*, foram as peças promovidas, em 1946, pelos grupos teatrais da Congregação Israelita Paulista.

O grupo teatral do Centro Cultura e Progresso, sob a direção de Rubin Hochberg e regência musical do maestro Althausen, encenou *Di Kishuf Macherin* (A Feiticeira) e *Di Bobe Iachne* (A Avó Iachne), de Abraham Goldfaden, na noite de 22 de setembro.

1947

As companhias de Max Perelman e Guita Galina, Ben-Zion Witler e Shifrele Lerer, Dina Halpern, Teatro Soleil de Buenos Aires e o grupo teatral do Centro Cultura e Progresso abrilhantaram o ano teatral de 1947.

Max Perelman e Guita Galina, ao lado de atores locais e de Buenos Aires interpretaram *Shir Hashirim* (Cântico dos Cânticos) e *Dos Schwartze Rebele* (O Rabino Negro).

Ben-Zion Witler e Shifrele (Shifra) Lerer, ao lado de atores locais, entre os quais Bela e Berta Ajs (Berta Loran), Rosa Cipkus, Simon Buchalsky, Victor Goldberg, Jaime Galperin, Rubin Hochberg e Idel Laks, contracenaram *Leben Zol Zain Geleibt* (A Vida Deve Ser Vivida), *Der Chazen Zinger* (traduzida como Vem Casar Comigo), *Main Hartz Iz Dain* (Meu Coração É Teu), *Altz Far Dir* (Tudo por Você), *Zain Letz Gezang* (Sua Última Canção) e *Chassene Un Libe* (Casamento e Amor).

A atriz norte-americana Dina Halpern, sobrinha de Ester Ruchla Kaminska, e que já atuara com Zygmund Turkow em Varsóvia, até 1938, liderou o elenco local para a apresentação de *Mulher Contra Mulher*, *Der Eiliker Tantz* (Dança Sagrada), *Mit Ofene Oign* (Com os Olhos Abertos).

O grupo teatral do Centro Cultura e Progresso, sob a direção de Rubin Hochberg, encenou *Dos Gevein Fun Kind* (O Choro da Criança), com tema relacionado à separação de casais na Segunda Guerra Mundial e, pela segunda vez, *Uriel Acosta*, de Karol Gutskov.

1948

No final de 1947 e início de 1948, o público de São Paulo recebeu com entusiasmo Jacob Ben-Ami, acompanhando e dirigindo o elenco do Teatro de Arte Soleil de Buenos Aires, nas peças *A Fon Vert Geboirn* (Nasce uma Bandeira), de Ben Hecht, alusiva à proclamação da independência do Estado de Israel; *Beethoven*, de Szismos; *Espectros*, de Henryk Ibsen; *Hamlet*, de William Shakespeare; e *Got, Mentsh un Teivl* (Deus, o Homem e o Diabo), de Jacob Gordin.

O ponto alto da década de 1940 para o teatro ídiche em São Paulo foi Jacob Rotbaum, diretor do Teatro Ídiche na Polônia, que veio especialmente para dirigir o grupo teatral do Centro Cultura e Progresso. Sua estreia ocorreu em 10 de abril de 1948, no Teatro Caetano de Campos, onde apresentou *O Maran de Rotenberg*, de H. Leivik, em recital muito aplaudido. Seguiu-se outro recital, com *Di Muter* (A Mãe), de Karel Čhapek.

Goldfaden Chulem (O Sonho de Goldfaden), de autoria de Abraham Goldfaden, foi a primeira peça do grupo teatral do Centro Cultura e Progresso, sob a direção de Jacob Rotbaum, tendo Rubin Hochberg como assistente. Três apresentações de sucesso, em 30 de maio, 6 e 13 de junho de 1948, no Teatro Municipal, maravilharam o público e encheram de orgulho os atores Rubin Hochberg, Póla Rainstein, Mayer Kohn, Binem Orenstein, Mendel Kessenbaum, Clara Kaftal, Guinche Kon, Amalia Kaplanski, Jacob Schik, J. Bilerman, Hersch Fleisher, Balbina Sigulem, Chancie Bulka, Mendel Steinhaus, Leib Aizenberg, Boris Cipkus, Rosa Grin, Johny Simes, Lenina Pomerantz, Tema Guindzl, Jayme Uren, Fortuna Leirner, e os integrantes dos corais Hazamir e Scheiffer, dirigidos pelo maestro Althausen.

Em 28 de junho, foi a vez do Departamento Infanto-Juvenil do Centro Cultura e Progresso apresentar-se com *Der Shvues in Gueto* (A Promessa no Gueto), de A.S. Zaks e poesias de A. Sutzkever, sob a direção de Jacob Fridman, Dora Althausen ao piano e a regência do maestro Althausen.

A temporada desse ano teve sequência com o retorno de Morris Schwartz, acompanhado de Charlotte Goldstein e do elenco do Teatro Soleil de Buenos Aires, em quatro espetáculos promovidos no Teatro Municipal pelo empresário Wolf

Vipman. A programação do primeiro incluiu *Der Blutiker Gelechter* (O Riso Sangrento), de Scholem Aleikhem. No segundo, destacou-se a recente fundação do Estado de Israel, com a peça *Tzurik Tzu Isruel* (De Volta a Israel). A terceira récita constou da comédia *Velvel Di Balebuste* (Velvel a Patroa). Essa série de espetáculos foi concluída, em 15 de julho, com *Hóspede Verde*, *Shabtai Tzvi*, e trechos de *Tévye*.

Ainda no mesmo mês de julho, as associações juvenis de São Paulo apresentaram a peça, em três quadros, *Nasce um Judeu, Ciganos e Ressurreição*, de Raquel Krasilchik. Isac Cukier, David Lerer, Salvador Geisa, José Sutzkever, José Megrich e Oscar Pilnik compuseram o elenco.

Em duas apresentações muito aplaudidas, Jacob Rotbaum e o assistente Rubin Hochberg dirigiram o elenco do grupo teatral do Centro Cultura e Progresso em *Dos Groisse Gevins* (A Sorte Grande), também denominada *Amcho* (Povo), de Scholem Aleikhem, na encenação ocorrida no Teatro Santanna. Moishe Agater, Balbina Sigulem, Clara Kaftal, Mendel Kessenbaum, Mendel Steinhaus, Rubin Hochberg, Boris Cipkus, Leib Aizenberg, Jacob Schik, Póla Rainstein, Guinche Kon, Binem Orenstein, Gerson Putchinski, Tema Guindzl e Mayer Kohn compuseram o elenco. A edição de *Aonde Vamos*, de 12 de agosto de 1948, destaca a boa qualidade da apresentação e o ótimo jogo de sombra e luz.

Os teatros São Francisco, à rua Riachuelo, 258, e Municipal receberam os grupos do Teatro Soleil e do Teatro Mitre, de Buenos Aires, respectivamente. O grupo do Teatro Soleil esteve acompanhado do ator Moishe Lipman, do Lodzier Trupe da Polônia. Moshe Lipman dirigiu ambas as peças então encenadas: *Hershele Ostropolier*, de M. Gerszenson, e *Chana Szenes, A Iídiche Heldin* (Hana Szenes, Uma Heroína Iídiche), de F. Bisberg.

Nas primeiras apresentações, o grupo do Teatro Mitre trouxe Michael Michalesko. Sob a direção de Willy Goldstein e Miriam Lerer, o grupo apresentou *Iossel Der Klezmer* (Iossel, o Músico), *Der Freilecher Bocher* (O Alegre Rapaz), *O Seu Grande Amor* e *Di Iídiche Chassene* (O Casamento Iídiche), de Michael Michalesko. Na sequência, incorporou-se ao grupo Jenny Lovitz, nas peças *A Garota de Tel Aviv, A Moid a Faier*

(Moça Alegre), *Di Vilde Moid* (A Garota Selvagem), todas de autoria de Jenny Lovitz. Do elenco local, que contracenou com a atriz, destacaram-se Rubin Hochberg, Mina Akselrad, Victor Goldberg, Berta Ajs e Simon Buchalsky.

1949

No mês de fevereiro de 1949, assinalou-se a apresentação, pelo grupo teatral da Congregação Israelita Paulista, da comédia *Do Mundo Nada se Leva*, no Teatro São Francisco.

Em noite lítero-musical, realizada à rua José Paulino, 64, em 5 de março, o grupo teatral do Centro Cultura e Progresso encenou *Der Zelber Goirel* (A Mesma Sorte), de Israel Ashndorf, com temática alusiva à tragédia judaica na Segunda Guerra Mundial.

Ainda no mês de março, no dia 27, o grupo teatral do Centro Cultura e Progresso homenageou o ator e diretor Rubin Hocherg, então de partida para visitar Israel, com a encenação, no Teatro Municipal, de *Der Dorfs Iung* (O Rapaz da Aldeia), também denominada *Jankel Boile*, de Leon Kobrin.

O casal Ester Perelman e Jacob Kurlender apresentou-se, na continuidade da temporada, no Teatro Municipal, inicialmente em recital, com solos e duetos e, a seguir, com a peça *Chassie Di Iessoime* (Chassie, a Órfã), de Jacob Gordin, contracenando com Herman Schertzer, Victor Goldberg, Simon Buchalsky, Ula Lender e Rosa Cipkus. Para finalizar, interpretaram *Madam Jaclin*, de autoria de Jacob Kurlender, prestando-se homenagem a Ester Perelman pelos seus vinte anos de atividade teatral. Nessa última peça, o elenco foi constituído por atores profissionais e os amadores do Centro Cultura e Progresso.

Jacob Kurlender passou, então, a dirigir o grupo teatral do Centro Cultura e Progresso, levando à cena, em dezembro de 1949, duas peças: a comédia *Di Grine Felder* (Campos Verdes), de Peretz Hirschbein, com música de Shloime Prizament, executada sob a regência do maestro Carlos Ostronoff, e a tragicomédia *No Porto de Marselha*, onde se destacou a participação do ator convidado Leonid Sokolof, que já atuara nos palcos da

Argentina, Polônia e Lituânia e, também, ao lado de Jacon Ben-Ami, Zygmund Turkow e Morris Schwartz.

O ano teatral de 1949 contou, ainda, com o retorno de Max Perelman e Guita Galina, atuando com os atores dos elencos local e de Buenos Aires, Victor Goldberg, Herman Schertzer, Sali Berenstein, Mische Berenstein, Rosa Cipkus, Simon Buchalsky, Jaime Galperin, Beti Kertzman e Ula Lander. O repertório abrangeu as comédias *Der Shlimazeldiker Chussn* (Noivo Sem Sorte), *Motl Furt Kain Isruel* (Motl Vai a Israel), *A Nacht Oif Brodvai* (Uma Noite na Broadway), *Der Mames Zindele* (O Filhinho da Mamãe) e *Guetzel Fun Chelem* (Guetzel de Chelem), todas de autoria de Perelman, com acompanhamento musical do maestro Carlos Ostronoff.

1950

Pelos registros disponíveis, pode-se afirmar que os primeiros seis anos da década de 1950 confirmaram a maturidade do teatro ídiche em São Paulo, tendo sido encenadas 174 peças do total de 549 no período de 1913 a 1970 (inclusive).

Coincidindo com a diminuição do público que tinha o ídiche como língua materna e a prioridade dada nas escolas ao ensino do idioma hebraico, as peças em ídiche passaram a ser cada vez menos numerosas, a ponto dos quatro anos seguintes dessa década terem registrado a apresentação de 56 peças, com aumento progressivo do idioma português.

Destacaram-se nesse decênio as apresentações dos grupos de atores locais, incluindo Ester Perelman, Rosa Cipkus, Mendel Steinhaus, Póla Rainstein, Jacob Weltman, Leib Aizenberg, José Wainstein, Lola Kopelman, Jaime Galperin, Victor Goldberg, Moishe Agater, Rubin Hochberg, Bela e Berta Ajs, Herman Schertzer, Isucher Handfuss e Mischa Berenstein.

No ano de 1950, encenaram-se, no Teatro Municipal, as comédias de Max Perelman, *Di Rumeinishe Chassene* (Casamento Romeno), *Dem Zeidns Gelibte* (Namorada do Vovô), *Mazel Tov* (Boa Sorte), *Chane Pessl Fun Odess* (Chane Pessl de Odessa), *Der Iberiquer Mentsh* (O Homem Excedente), *Vus Kinder Kenen* (O que os Filhos Podem), *Dos Freileche Shnaiderl* (O

Alfaiate Feliz), além do drama, também de autoria de Max Perelman, *Emigranten* (Os Emigrantes) e de comédias de outros autores como *Tzipke Faier* (Tzipke, a Fogosa) e *Freidl Vert A Kale* (Freidl Vai Ficar Noiva).

O elenco local encenou, ainda, a comédia *Gekoifte Libe* (Amor Comprado), de Mische Berenstein; *Tel Aviv Lacht* (Tel Aviv Ri), de Leyba Mandel; e *Der Freilecher Tzigainer* (O Cigano Alegre), de S. Kohn.

Em julho de 1950, o Círculo Israelita de São Paulo foi palco da encenação de *Esta Noite Choveu Prata*, de Pedro Bloch. A propósito, o periódico *Aonde Vamos* noticiou, em 28 de outubro de 1950, que Zygmund Turkow acompanharia Pedro Bloch a Israel para filmar essa peça, na versão em ídiche, sob a denominação de *Tzurik Tsum Leibn* (De Volta à Vida).

Em 22 de outubro, o cônsul honorário de Israel no Brasil, Samuel Malamud, patrocinou o espetáculo *A Caminho de Jerusalém*, de Uri Zifroni, enfocando as cenas da luta da libertação de Jerusalém. Encenada no Teatro Municipal, a peça teve a participação de jovens do Movimento Sionista Dror, ao lado de Sonia Turner, Aizyk Rotman, Rivkele (Riva) Nimitz, Michel Mandel, Dora Luksenburg e do tenor Uri Zifroni, de Israel.

Nos meses de outubro e dezembro de 1950, o elenco profissional local juntou-se aos atores visitantes Shloime Prizament e Guizi Hajden, na interpretação das peças *In an Ungarishe Kretshme* (Taberna Húngara), *A Nacht in Varsche* (Uma Noite em Varsóvia), *Di Karten Varfern* (A Cartomante), *Idn Furn Kain Isruel* (Judeus Vão a Israel), *Der Klezmerl* (O Músico), *Americaner Glikn* (Alegrias Americanas), todas de autoria de Shloime Prizament.

Nesse ano, ainda, o grupo teatral do Lar das Crianças da Congregação Israelita Paulista, sob a direção do maestro Harry Neufeld, encenou o musical *Se o Rei Chegar*, de Rolf Herzberg, com Paulo Neuman, Lili Berg, Anemaria Weiner, Amerisa Izzo, Paulette Senko e Vera Blau.

O grupo teatral do Centro Cultura e Progresso, por sua vez, sob a direção de Jacob Kurlender, apresentou os dramas *Bainacht Oifn Altn Mark* (À Noite no Antigo Mercado), *Es Brent* (Está Pegando Fogo) e *Gueshtaltn Fun Kellershtub* (Personagens Desafortunados), todos de I.L. Peretz, no ato promovido, em 27 de maio, no Teatro Municipal, para celebrar o 35º aniversário do falecimento do autor.

Em 9 de dezembro, o grupo teatral do Centro Cultura e Progresso voltou ao palco do Teatro Municipal, sob a direção de Jacob Kurlender, para interpretar *Tife Vortzlen*, de Arnaud Dusseau e James Gow, com o patrocínio da Sociedade Amigos do Teatro e Música Ídiche. O enredo passa-se numa cidade do interior dos Estados Unidos, no ano de 1945, tendo a versão do inglês para o ídiche sido realizada por Isaac Grodberg.

Por ocasião das festividades de Chanucá, o grupo de Teatro da Comissão de Ensino da Congregação Israelita Paulista apresentou *Os Macabeus*, de Manfred Hoexter, sob a direção do maestro Harry Neufeuld e o acompanhamento ao piano do maestro Luiz Ellmerich.

1951

O final do ano de 1950 e início de 1951 marcaram o retorno a São Paulo de Jacob Ben-Ami, ao lado de Berta Gerstein, para contracenar com o elenco local, no Teatro Municipal, as peças *Der Futer* (O Pai), de Strindberg, e *Shimshon un Dalila* (Sansão e Dalila).

O elenco profissional local apresentou-se, logo a seguir, ao lado de Jack Rechtzait e Mische Berenstein na comédia *Guetzl Vert A Chussn* (Guetzl Fica Noivo), de Max Perelman.

Em 13 de maio, a Sociedade Amigos do Teatro e Música Israelita promoveu noite lítero-musical, no Teatro Caetano de Campos, incluindo o grupo teatral do Centro Cultura e Progresso, que encenou as comédias *Einstein e Wainstein*; de M. Nudelman, *Mentshn* (Gente), de Scholem Aleikhem; e o drama *Em um Quarto de Porão*, de I.L. Peretz, sob a direção de Jacob Kurlernder. Na oportunidade, atuaram Moishe Agater, Jacob Schik, Mendel Steinhaus, Guinche Kon, Leib Aizenberg, Lola Kopelman, Clara Kaftal, Póla Rainstein, Binem Orenstein, Berta Huberman e Balbina Sigulem.

Logo a seguir, em 26 de maio, no Teatro Luso Brasileiro, o grupo teatral do Centro Cultura e Progresso encenou, novamente, *Mentshn* (Gente), dessa vez sob a direção de Rubin

Hochberg, com os atores Guinche Kon, Mendel Kessenbaum, Póla Rainstein, Moishe Agater, Amalia Kaplanski, Jaime Bilerman, Chantshe Bulka, Tema Guindzl, Clara Kaftal e Wolf Huberman. Na mesma noite, o grupo teatral do Centro Cultura e Progresso levou à cena *Er Lebt* (Ele Vive), de I.L. Holdes, em tema alusivo ao sofrimento causado às famílias judias no front soviético, durante a Segunda Guerra Mundial.

Cante-me uma Canção, de I.L. Peretz, foi o musical encenado, em 1º de setembro, pelo Grêmio I.L. Peretz da Escola Scholem Aleikhem, sob a direção de Jacob Fridman, tendo Jenny Wolak (Serber) ao piano. Max Altman, Raquel Stain, Fany Miller, Eva Waisross, Sonia Metzger, Fanny Abramovich, Vitória Nissentzvaig, Marta Wolak e Irene Abramovich compuseram o elenco, em sessão comemorativa do centenário de I.L. Peretz, patrocinada pela Associação de Cultura Judaica de São Paulo.

Nessa mesma noite, o grupo teatral do Centro Cultura e Progresso apresentou o drama *Schwester* (Irmãs), de I.L. Peretz, sob a direção de Jacob Kurlender, com Balbina Sigulem, Clara Kaftal, Póla Rainstein, Leib Aizemberg, Mendel Steinhaus, Moishe Agater e Samuel Ejchel no elenco.

A homenagem a I.L. Peretz finalizou com o recital de Jacob Kurlender sobre o drama de Peretz *In Poilish Oif Der Keit* (Acorrentado no Vestíbulo da Sinagoga).

O grupo teatral do Centro Cultura e Progresso finalizou o ano teatral de 1951 em São Paulo, com o drama *Der Zinguer Fun Zain Troier* (O Cantor da Sua Mágoa), de Jacob Sterenberg, no Teatro Santanna, com o patrocínio da Sociedade Amigos do Teatro e Música Israelita.

1952

O início de 1952 marcou a visita do cômico europeu Sem Shmilovitch, na companhia de Jenny Lovitz e artistas de Buenos Aires e do elenco local. *A Brivele Der Mamen* (Carta à Mamãe), de Sem Shmilovitch, a comédia *Vaiber* (Mulheres) e a opereta *Der Tatens Tochter* (A Filha do Papai) foram as peças então encenadas no Teatro Cultura Artística.

No final de março e início de abril, a Comunidade de São Paulo deliciou-se com o humor da dupla Dzigan & Szumacher, trazida pela recém-constituída Companhia de Artistas Israelitas Independentes, após a rumorosa e criticada separação de Michal Michalovitch, que optou em se associar a Itzchak Lubeltschik na atividade empresarial. Ester Perelman, Isucher Handfuss e Simon Buchalsky passaram a dirigir a referida Companhia.

Dzigan & Szumacher apresentaram *Abi Men Zeit Zich* (Contanto que Nos Vejamos) e *Simchot Bai Iden* (Regozijos Entre Judeus), tendo nesse segundo espetáculo contracenado com Ester Perelman, Isucher Handfuss e o tenor argentino Leibele Schwartz. A despedida da dupla constou de *Men Lacht Fun Der Velt* (Rimos do Mundo), incluindo Leibele Schwartz e o elenco da Companhia de Artistas Israelitas Independentes.

Não demorou muito para que a sociedade empresarial de Lubeltschik e Michalovitch iniciasse a promoção de espetáculos. Com efeito, de 27 de abril a 25 de maio, Max Perelman e Guita Galina contracenaram com Cili Teks, Sem Shmilovitch, Aron Aleksandroff, Mische Berenstein e Bernardo Sauer, de Buenos Aires, e Herman Schertzer, Bela Ais, Rosa Cipkus e Idel Laks, do elenco local, na comédia *Der Vilner Chossn* (O Noivo de Vilna), *A Man Tsu Fardingen* (Aluga-se um Marido), *Der Zeide Gueit* (Lá Vai o Vovô), opereta de I. Kalmanovitch *Opgenarte Mener* (Homens Enganados), *Der Paiatz* (O Palhaço), *Nacht Mentshn* (Homens da Noite) e, na despedida, *Motl Meiers Gliken* (Alegrias de Motl Meier).

A disputa entre ambos os grupos de empresários acirrou-se na ocasião, a ponto de Ester Perelman e sócios terem promovido a vinda de Leiele e Josef Sterling, da Argentina, para se apresentarem na noite de 25 de maio, no Teatro República, portanto próximo do Cultura Artística, onde Lubeltschik e Michalovitch promoviam o espetáculo de despedida de Max Perelman e Guita Galina. Leiele e Josef Sterling apresentaram a comédia *Mamele* (Mãezinha). O casal Sterling retornou a São Paulo em julho de 1952, para interpretar *Vos Iedes Meidel Darf Vissen* (O que Cada Moça Deve Saber) e *Dos Chazendl* (O Pequeno Chazán).

Retornando Max Perelman à Argentina, Michal Michalovitch e Jenny Lovitz mantiveram o elenco argentino-brasileiro em

PANORAMA DO TEATRO ÍDICHE EM SÃO PAULO DE 1913 A 1970   117

atividade, contracenando com o cômico Sem Shmilovitch nas peças *Di Importirte Dinst* (Empregada Importada) e *Vi Mener Liben* (Como os Homens Amam).

Itzchak Lubeltschik e Michal Michalovitch trouxeram, a seguir, de 5 a 15 de junho, o cômico mundialmente conhecido Henry Guero e a atriz argentina Rosita Londner, que atuaram com o elenco argentino-brasileiro *Dos Redele Dreit Zich* (A Rodinha Gira), *In A Meshugene Velt* (Mundo Louco) e *Zait Gezunt* (Adeus).

Interpretações em hebraico e ídiche compuseram o espetáculo promovido pela Magbit, em 13 de junho, com a peça *A Chassene In Shtetl* (Um Casamento na Cidadezinha), com Lea Deganit e Moshe Halevi, de Israel.

Itzchak Lubeltschik e Michal Michalovitch tinham relacionamento muito maior e fizeram prevalecer os seus trunfos para sobrepor-se aos empresários rivais. Assim, promoveram, na sequência, em 1952, o retorno de Henry Guero e Rosita Londner, e as apresentações de Dina Halpern, Guizi Hajden e Schloime Prizament, Elvira Boshkowska, Simon Nusboim, Max Neufeld e Sonia Lemberg e, para coroar a temporada, Peisechke Bursztein e família.

Henry Guero e Rosita Londner contracenaram *Freid Zich Idelech* (Judeus Divirtam-se) com Cili Teks e Aron Aleksandroff, de Buenos Aires, e o elenco local. A atriz norte-americana Dina Halpern permaneceu em São Paulo de 10 de agosto a 21 de setembro e encenou sete peças na companhia do elenco argentino-brasileiro: *Kamf Far a Heim* (A Luta por um Lar), *Di Groisse Ierishe* (A Grande Herança), *Tchiat Hameissim* (Ressurreição), *Di Gebrochene Hertzer* (Corações Partidos), de Libin, e as peças de Jacob Gordin *Chassie Di Iessoime* (Chassie, a Órfã), *Di Froi Vos Hot Derharget* (A Mulher que Matou) e *Kroitzer Sonate* (Sonata a Kreutzer).

Guizi Hajden e Shloime Prizament apresentaram-se, nos dias 5 e 8 de outubro, no Teatro Luso Brasileiro, com a comédia *A Simche In Schtetl* (Uma Festa na Cidadela), acompanhados de Rosa Cipkus, Herman Schertzer, Jaime Galperin, Victor Goldberg, Rubin Hoshberg e Idel Laks. No mesmo ano, em 7 de dezembro, retornaram ao Teatro Odeon para apresentar *Idn Redn, Idn Zinguen* (Judeus Falam, Judeus Cantam), de Shloime Prizament.

De 19 a 26 de outubro, o Teatro Cultura Artística foi palco dos atores Elvira Boshkowska, Simon Nusboim e Max Neufeld, de Paris, que atuavam, anteriormente, no Teatro Ararat, de Lodz, na Polônia, e Sonia Lemberg, atriz de Buenos Aires. Dois espetáculos foram, então, oferecidos: *Di Freileche Vanderers* (Alegres Andarilhos) e *Altz Vert Gekashert* (Tudo se Purifica).

Peisechke Bursztein, por sua vez, veio acompanhado da sua esposa Lilian Luks, dos filhos gêmeos Motele (Mike) e Zissele (Suzi) e do elenco do Teatro Soleil de Buenos Aires, entre os quais Salomon e Clara Stramer, Israel e Ana Feldboim, Elza Rabinovitch, Anna Rapel, Margot Steinberg, David Kaplan e Leon Narepkin. O público vibrou no Teatro Cultura Artística com *Zing Isruel Zing* (Cante Israel Cante), *A Chussn Un A Kale* (Um Noivo e uma Noiva), *Der Comediantshik* (O Pequeno Comediante), *A Chassene in Shtetl* (Um Casamento na Cidadezinha) e *Dos Cabaret Meidl* (A Moça do Cabaré).

Os grupos amadores também marcaram boa presença em 1952. Assim, o grupo teatral da Congregação Israelita Paulista encenou *Cenas Bíblicas na Literatura Europeia*, incluindo quadros de Byron (Cain), Barca (Absalom), Racine (Esther Thalia) e Hebbel (Judith).

O grupo teatral do Centro Cultura e Progresso apresentou-se no Teatro Caetano de Campos em 6 de setembro, sob o patrocínio da Sociedade Amigos do Teatro e Música Israelita. No ensejo, Jacob Kurlender dirigiu *Kibud A Keiver* (Honra ao Túmulo), de David Pinski; *A Família Zonenbruch*, de Leon Kruchkowski, denunciando a submissão ao nazismo dos cientistas alemães; o monólogo, interpretado por Leib Aizenberg, *Der Helds Tate* (O Pai do Herói), de Z. Vendrof, e o quadro "Mir Iz Gut, Ich Bin A Iossem" (É Bom Para Mim, Sou Um Órfão), da peça *Motl Peissi Dem Chazns* (Motl Peissi do Chazán).

1953

No início de janeiro de 1953, a Sociedade Amigos do Teatro e Música Israelita patrocinou o recital do inglês Maier Celniker, no Teatro Luso Brasileiro, incluindo *Der Payatz* (O Palhaço), de Guy de Maupassant; *Bobe Buntzie* (Avó Buntzie) e *A Chazan*

Oif Shabes (Um Chazán para Sábado), de Abraham Goldfaden; e *O Mercador de Veneza*, de Shakespeare.

O retorno a São Paulo de Guizi Hajden e Shloime Prizament, em março de 1953, promovido por I. Lubeltschik, marcou a reconciliação de Ester Perelman e Issucher Handfuss com o empresário, tendo ambos participado do elenco que contracenou com Hajden e Prizament, entre os quais Bela e Berta Ajs, Rubin Hochberg, Felipe Wagner, Regina Lubeltschik, Rosa Cipkus, Josef Epstein, Herman Schertzer e Sem Schmilovitch. *Ven a Mame Fargest* (Quando a Mãe Esquece), de Rubin Hochberg, e as peças de Shloime Prizament: *Di Iídiche Tzigainerin* (A Cigana Judia), *Der Golem Fun Prag* (O Golem de Praga) e *Brider Zinguer* (Irmãos Cantores), foram então interpretadas.

Em 18 de maio, a comunidade paulista prestou homenagem aos quarenta anos de atuação artística de Shloime Prizament, em espetáculo promovido pela Federação Israelita de São Paulo, no Teatro Caetano de Campos. *Mlave Malke*, *Hershele Ostropolier*, *Miniatur* foram, então, interpretadas por Shloime Prizament, Guizi Hajden, Yudel Waichenberg e Rachel Krasilchik Levi.

Entre março e maio do mesmo ano, o elenco profissional local atuou no Teatro Cultura Artística, com o apoio do empresário Itzchak Lubeltschik, encenando *Kopel Kive Vert a Tate* (Kopel Kive Torna-se Pai), *Ir Chupe Tantz* (A Sua Dança Nupcial), *Dos Meidl Fun Poiln* (A Moça da Polônia) e *Yokls Chassene* (O Casamento de Yokl). Na estreia da peça *Ir Chupe Tantz*, Ester Perelman foi alvo de homenagem especial.

O desfile de estrelas do teatro ídiche prosseguiu com o retorno de Max Perelman e Guita Galina, contracenando com os atores europeus Waldemar Heinze, Pinie Goldstein e Moishe Zamar, ao lado de Bertha e Bela Ais, Isucher Handfuss, Sem Shmilovitch, Jaime Galperin, do elenco local. *Der Griner Chossn* (O Noivo Recém-chegado), *Der Americaner Litvak* (O Americano da Lituânia), *A Bucher Mit Seichel* (Um Moço com Juízo), *Fir Chassenes in Ein Nacht* (Quatro Casamentos numa Noite), *Shulamis*, de Abraham Goldfaden e *Dorfishe Libe* (Amor Selvagem) foram interpretadas pelo elenco.

Em curta temporada, apresentaram-se Dvoire Rosemblum e Nuchem Melnik, no Teatro Cultura Artística, com a regência musical do maestro Francisco Gorga, encenando *Menachem*

Mendels Gliken (Alegrias de Menachem Mendel), de Scholem Aleikhem, e *In Neguev* (No Neguev).

Os espetáculos de Ben-Zion Witler e Shifrele Lerer, coadjuvados por doze atores do Teatro Corrientes de Buenos Aires, foram considerados os melhores dos últimos tempos, conforme a crítica publicada em *Der Naier Moment* de 23 de outubro de 1953. As peças encenadas de 25 de outubro a 13 de dezembro, no Teatro Cultura Artística, incluíram *Main Mans Kale* (A Noiva do Meu Marido), *In a Rumeinishe Kretshme* (Numa Taberna Romena), *Ven Libe Ruft* (Quando o Amor Chama), *Kinder Farguessn Nit* (Crianças Não Esquecem), *Dos Gezang Fun Main Hartz* (A Canção do Meu Coração), *Dem Milioners Trern* (As Lágrimas do Milionário), *Iankel Der Shmid* (Iankel, o Ferreiro), de David Pinski; *Der Vilder Mentsh* (O Selvagem), de Jacob Gordin; *A Roman Fun Ein Nacht* (Romance de uma Noite), *Mit Gueld Darf Men Nit Shtoltziren* (Com Dinheiro Não É Preciso Gabar--se) e *Di Velt Shokelt Zich* (A Terra Treme), com regência musical do maestro Siome Tenowsky. Com *Der Vilder Mentsh*, em 6 de dezembro, o elenco prestou homenagem ao 100º aniversário de Jacob Gordin.

O elenco do Teatro Corrientes, que acompanhava Ben--Zion Witler e Shifrele Lerer, brindou o público com as peças *Ven Kabtsonim Vern Raich* (Quando os Pobres Enriquecem), *Der Ieshiver Bucher* (O Moço da Ieshivá) e *Oif Der Shvel Fun Glick* (No Limiar da Sorte), com a participação de Aron Aleksandroff, Abram Sztraitman, Anita Lang, Bernardo Sauer, Bela Ariel, Clara Goldstein, José Maurer, Paulina Taichman, Suzana Sand e Sasha Rosenthal, sob a direção de Willy Goldstein.

Em 22 de agosto, a ala jovem do grupo teatral do Centro Cultura e Progresso encenou *A Farsa e Justiça do Sr. Corregedor*, de Alejandro Casona, sob a direção de Marcos Rosenbaum e J. Coelho Neto, sendo protagonistas Moisés Leiner, Marcos Rosenbaum, Boris Cipkus, Júlio Zlotnik, Simão Kusniec, Maurício Rosenbaum e Isaac Wasserman.

A comunidade judaica de São Caetano teve oportunidade de receber, em 12 de dezembro de 1953, a atriz israelense Sara Berenstein, acompanhada de Rubin Hochberg, Bela Ais, Rosa Cipkus, Jaime Galperin e Willy Levin, ocasião em que foi interpretada a peça *In a Poilisher Kretshme* (Numa Taberna Polonesa).

PANORAMA DO TEATRO ÍDICHE EM SÃO PAULO DE 1913 A 1970

O Departamento de Juventude do Keren Hayessod, por sua vez, promoveu, em 20 de dezembro, a apresentação do grupo teatral do Centro de Estudos Chaim Weitzmann, integrado por Magdalena Suessman, Wolfgang Siebner, Gert Meyer, Marcia Maria Kraivitz, Joaquim Rosner, Helmut Kaufmann, Elena Camerini e Ernesto Moritz, com a peça *Fora da Barra*, de Sutton Vane.

1954

Na véspera da comemoração do 4º Centenário da Cidade de São Paulo, iniciou-se alegremente a temporada de 1954, com a companhia dos atores argentinos J.M. Varchawski e Meri Marko, que encenou *Di Freileche Kapele* (A Alegre Orquestra), na Associação Brasil-Bessarábia (Bessaraber-Farband). Meri Marko era irmã de Mile Cipkus e tia de Cili Teks, que integrou o elenco, ao lado de Rosa Cipkus, Jorge Epstein, Rubin Hochberg e Jaime Galperin.

No final de janeiro, Ben-Zion Witler e Shifrele Lerer, de passagem por São Paulo e retornando a Buenos Aires, apresentaram *Freid, Humor, Tantz un Gezang* (Alegria, Humor, Dança e Canção), no Teatro Cultura Artística, com regência musical do maestro Siome Tenowsky.

Natan Klinger, Sem Shmilovitch, Rosa Cipkus, Bela Ais, Rubin Hochberg, Jaime Galperin e Victor Goldberg encenaram, a seguir, *Tog un Nacht* (Dia e Noite), de Scholem An-Ski, enfocando a tragédia das epidemias no *shtetl* (cidadezinha).

De 6 a 14 de março, Jenny Lovitz e Michal Michalovitch, sob a direção de Willy Goldstein e a regência do maestro Siome Tenowsky, contracenaram com o elenco argentino-brasileiro, três peças de Markovitch: *Di Galitzianer Vaibel* (A Mulherzinha da Galícia), *Di Goldene Kale* (A Noiva Dourada) e *Hulie Kabtzen* (Alegre-se Pobre).

Na sequência, Morris Schwartz juntou-se a Jenny Lovitz e Michal Michalovitch e ao elenco argentino-brasileiro para encenar *Di Brider Ashkenazi* (Os Irmãos Ashkenazi), de I.I. Singer, tendo os principais papéis sido interpretados por Morris Schwartz (Simcha Meir), Jenny Lovitz (Dinale), Michal Michalovitch (Yakov Bines), Max Kloss (alemão Heintze Heinz), Ester Perelman (Roize), Jacob Kurlender (Reb Chaim Alter), Sasha

122   ENSAIOS DE UM PERCURSO: O TEATRO ÍDICHE EM SÃO PAULO

Goldstein (Abraham Hersh Ashkenazi), Bela Ais (Gertrude, a filha rica) e Rubin Hochberg (revolucionário Vaska).

O mesmo elenco atuou, nos meses de abril a junho de 1954, nas peças *Der Dibuk*, de Scholem An-Ski; *Sheilok un Zain Tochter* (Sheilok e Sua Filha), de Ari Even Zahav; *Di Mishpuche Karnovski* (A Família Karnovski), de I. Bashevis Singer; *Kidush Hashem* (O Martírio da Fé), de Scholem Asch; *Der Tfilin Yid* (O Judeu do Filactério), de Scholem Asch; *Got, Mentsh un Teivl* (Deus, o Homem e o Diabo), de Jacob Gordin; e *Der Mishpet* (O Julgamento), de Kamil J. Honig.

Numa semana de 16 a 22 de maio, Ben-Zion Witler e Shifrele Lerer intercalaram a curta temporada com a apresentação das comédias *Americaner Gliken* (Alegrias Americanas) e *Dos Grosse Glick* (A Maior Sorte).

Em sessões promovidas por Itzchak Lubeltschik e Willy Goldstein, em julho e agosto, Karola Heller apresentou-se ao público de São Paulo, com Neli Gani, Sem Shmilovitch, Abraham Leibovitch, Rosa Cipkus, Victor Hochberg, Victor Goldberg e Jaime Galperin, nas peças *Far Elterens Zind* (Para Sofrimento dos Pais), de I.I. Singer, e *Ven Di Mame Fargest* (Quando a Mãe Esquece), de Rubin Hochberg.

A impagável dupla de cômicos Dzigan e Szumacher retornou a São Paulo, no palco do Teatro Cultura Artística, apresentando as comédias *Israel Lacht* (Israel Ri) e *Balebatish Democratish* (Decentemente, Democraticamente).

Em 13 de setembro, reapresentou-se em São Paulo a atriz Dina Halpern, na peça *Di Shchite* (A Matança), de Jacob Gordin, contracenando com Ester Perelman, Aron Aleksandroff, Isucher Handfuss, Bela Ais, Bernardo Sauer, Rosa Cipkus, Victor Goldberg e Jacob Kurlender.

Retornando da África do Sul, Morris Schwartz, Jenny Lovitz, Michal Michalovitch juntaram-se ao elenco argentino-brasileiro para prestar homenagem ao 100º aniversário do nascimento de I.L. Peretz, encenando *Drai Matones* (Os Três Presentes).

O público aplaudiu, a seguir, os atores americanos de opereta Leon Libgold e Lili Liliana, que apresentaram *Dos Gezang Fun Di Felder* (A Canção dos Campos), de Peretz Hirschbein, e *Dem Bekers Libe* (A Namorada do Padeiro), no Teatro

PANORAMA DO TEATRO ÍDICHE EM SÃO PAULO DE 1913 A 1970

Santanna, contracenando com elenco argentino-brasileiro, e regência musical do maestro Siome Tenowski.

O desfile de atores profissionais visitantes foi concluído, em 1954, com Jonas Turkow e Diana Blumenfeld, que interpretaram *Freuds Teorie Fun Chaloimes* (Teoria dos Sonhos de Freud), de Anthony Zwodzinski, em 28 de novembro de 1954.

A geração dos filhos dos imigrantes dava os passos iniciais na carreira teatral, com as peças *Se Deus Quer Até uma Vassoura Atira*, de Scholem Aleikhem, na interpretação dos alunos da 4ª série da Escola Scholem Aleikhem; *Simbita e o Dragão,* de Lúcia Benedeti, com o elenco do grupo teatral I.L. Peretz, dirigido por Boris Cipkus e integrado pelos atores Léa Fetbrot, Alvaro Plinio, Max Altman, Samuel Ejchel, Fabio Rochwerger, Helena Waiskop, Henri Ejchel, Luiz Ejchel, Julio Zlotnik e Fani Guzik; e *Assembleia dos Ratos*, de Tatiana Belinky, na interpretação dos alunos da 3ª série da Escola Scholem Aleikhem.

1955

Henry Guero e Rosita Londner animaram a temporada teatral de 1955, de 27 de abril a 31 de julho, contracenando com Anna Rapel, Ester Perelman, Beti Markova, Bela Ais, Jacob Kurlender, Isucher Handfuss, Samuel Glass, Sem Shmilovitch e Pinie Goldstein, nas operetas *A Chossn in Reserv* (Um Noivo na Reserva), de G. Rubinstein; *Iossele Der Shnaider* (Iossele, o Alfaiate), *Der Oremer Milioner* (O Milionário Pobre), *Der Stroiener Soldat* (O Soldado de Palha), *Iankele Un Ruchele* (Iankele e Ruchele), *Der Freilecher Shichputzer* (O Alegre Engraxate), *Main Vaibs Mishpuche* (A Família da Minha Mulher), *Der Zinger Fun Main Hartz* (O Cantor do Meu Coração), *Der Zisser Bucher* (O Doce Rapaz), *Der Glik Shidech* (O Arranjo de Sorte); e na comédia *Berke Durak*, tendo o maestro Vivas na regência musical e Jaime Galperin como responsável pela iluminação. Mais um espetáculo foi ainda oferecido pelo grupo, em 18 de setembro, *Dos Redale Dreit Zich* (A Rodinha Gira).

Na comemoração do 8º aniversário do periódico *Nossa Voz*, realizada na sede do Instituto Cultural Israelita Brasileiro, em 14 de maio, o Departamento de Arte Dramática da Associação Israelita Brasileira Biblioteca Scholem Aleikhem, do Rio de Janeiro, sob a direção de Hersh Blank, interpretou *Inseparáveis na Casa da Morte*, de Leon Kruchkowski. A interpretação esteve a cargo de Ida Kamenetzky, Misha Levovitch, Riva Berman, David Berman e Saul Vainzof.

Na mesma noite, o grupo do Instituto Cultural Israelita Brasileiro, dirigido por Jacob Kurlender, encenou *Mentshn* (Gente), com a interpretação de Guinche Kon, Balbina Sigulem, Póla Rainstein, Clara Kaftal, Amalia Kaplanski, Ana Dobromil (Ana Golombek ou Ana Maura), Mendel Steinhaus, Jacob Shik, Leib Aizenberg e Binem Orenstein.

A comemoração do segundo aniversário do Instituto Cultural Israelita Brasileiro realizou-se em 27 de agosto, incluindo a encenação da opereta *A Bunt Mit a Stashke* (Levante com Revolta), de N. Buchwald, com B. Fenster e Iaacov Scheiffer, e Felipe Wagner entre os atores.

Anna Rapel e Pinie Goldstein foram homenageados durante a apresentação da comédia *Dos Galitzianer Rebele* (O Rebe de Galícia), no Teatro Leopoldo Froes, em 1º de setembro, em que contracenaram com Cili Teks, Leyba Mandel, e o maestro Luiz Ellmerich na regência musical.

Nesse ano, a atriz Berta Ajs ganhou destaque no teatro de revista, em São Paulo, com espetáculos diários de quarta a segunda, incluindo matinês às quintas, sábados e domingos, promovidos por Itzchak Lubeltschik. A atriz encenou com Silvino Neto e elenco de oitenta atores *Não Vou ao Golpe*, de I. Mayer, Max Nunes e H. Cunha, no Teatro Santanna.

Leo Fuld apresentou-se a seguir, em 5 e 6 de novembro, no Teatro Santanna, com Berta Ajs, Bela Ais, Dany Delmin e outros atores, no musical *Vuhin Zol Ich Guein* (Para Onde Irei).

Jenny Lovitz e Michal Michalovitch deram sequência à temporada, contracenando com Ester Perelman, Beti Markova, Bela Ais, Victor Goldberg, Isucher Handfuss, Jacob Kurlender, Simon Buchalsky e Samuel Glass, nas peças *Dos Galitzianer Vaibel* (A Mulherzinha da Galícia) e *Dos Meidl Fun Broadway* (A Garota da Broadway).

O ano teatral de 1955 foi concluído com a apresentação, pelo grupo teatral da Congregação Israelita Paulista, da peça

Das Kalte Licht (A Luz Fria), de Nuckmayer, com a interpretação de Kaethe Heilberg, Rolf Herzberg, Ludwig Schaeffer, Anatol Rosenfeld, Willy Selliger e Walter Rehfeld.

1956

A temporada de 1956 teve início com Peisechke Bursztein e Lilian Luks atuando com grande elenco na interpretação, de 7 a 29 de abril, no Teatro Cultura Artística, das peças *Moderne Vaiber* (Senhoras Modernas), de Kreisher; *Men Ken Leibn, Nor Men Lozt Nit* (Pode-se Viver, Mas Não Deixam), de G. Rosenberg; e *Guevalt Doctor Ratevet* (Socorro Doutor, Cure), de Schwartz.

A nova geração do Instituto Cultural Israelita Brasileiro ampliou a sua participação no cenário teatral, interpretando, em português, *Uma Questão de Confiança*, em adaptação de Tatiana Belinky, com Amalia Turkienicz, Nathercia Reis Marques, Clara Rosenblum, Ylitch (Elias) Gleizer, Biro Ernesto Zeitel e José Serber, sob a direção de José Serber, e a comédia *Bolingbrook & Cia.*, de Martins Pena, com Boris Cipkus e Ylitch (Elias) Gleizer, tendo Francisco Giacchieri na direção. Com essa peça, Boris Cipkus foi laureado em Festival de Teatro Amador com o prêmio Arlequim de melhor ator, Elias Gleizer destacou-se como melhor coadjuvante, e Francisco Giacchieri recebeu menção honrosa de direção.

Em 5 e 6 de junho, o elenco profissional local interpretou *Di Eibike Kale* (A Noiva Eterna), no Teatro Leopoldo Froes, com o maestro A. Angelo na regência musical e Jaime Galperin na direção técnica.

A Organização das Pioneiras patrocinou, em 1º de julho, o espetáculo *De Dan a Eilat*, no Teatro Cultura Artística, com a participação dos atores israelenses Tova Pardo, do Teatro Habima; Batia Ostrovsky, do Teatro Ohel; Chaim Pardo, do Teatro Hamattete; e Iona Shklar, do Oratório Israel, sob a direção de Chaim Pardo.

O grupo teatral da Congregação Israelita Paulista, integrado por Anatol Rosenfeld, Heinz Widetsky, Mirjam Neuss e Werner Strassburger, voltou a contracenar, desta vez na peça

Jettchen un Oncle Eli (Jettchen e Tio Eli), de Jettchen Gebert, em 24 de julho.

Morris Schwartz, Jenny Lovitz e elenco argentino-brasileiro abrilhantaram a temporada do teatro ídiche desse ano com as peças *Iossele Solovei*, de Scholem Aleikhem; *Ioshe Kalb*, de I.I. Singer; *O Judeu Ziss*, de Lion Feuchtwanger; *Di Emesse Kraft* (A Verdadeira Força), de Jacob Gordin; e *Sender Blank* (A Família Blank), de Scholem Aleikhem, encenadas de 13 a 25 de outubro, no Teatro Cultura Artística.

Espetáculo realizado no Centro Israelita do Cambuci, em 8 de novembro, encerrou o ano teatral de 1956, com a peça *Lomir Trinken a Kavele* (Vamos Tomar um Cafezinho), com a interpretação de Morawski e Rukina.

1957

Na festividade de Purim teve início a temporada de 1957, com a participação do grupo teatral da Congregação Israelita Paulista, integrado por Rudi Frisch, Anatol Rosenfeld, Hella Moritz e Rolf Herzberg. O grupo interpretou *Festival de Purim* e *Jornal Falado*.

Simon Nusboim e Sonia Lemberg retornaram a São Paulo e interpretaram três comédias, de 31 de março a 20 de abril, intituladas *Fishel Der Guerotener* (Fishel, o Bem-Parecido), *Drai Techter Iz Kain Guelechter* (Três Filhas Não São Brincadeira) e *Der Bobes Ierushe* (A Herança da Avó). Contracenaram, então, com Jenny Lovitz, Pinie Goldstein, Anna Rapel, Sofia Rafalovich, Herman Klackin, Sem Shmilovitch, Victor Goldberg, Simon Buchalsky, Beti Markova, Jaime Galperin e Samuel Glass. A regência musical esteve a cargo do maestro Benjamim Silva Araújo.

De 27 de abril a 12 de maio, foi a vez dos atores Henry Guero e Rosita Londner reencontrarem-se com a plateia de São Paulo, juntando-se a Simon Nusboim, Sonia Lemberg, Sofia Rafalovitch, Herman Klackin, Beti Markova, Sem Shmilovitch, Simon Buchalsky e Samuel Glass para interpretar as comédias *Hit Aich Far Shatchunim* (Cuidai-vos de Casamenteiros), de H. Ariel; *Berke Durak*, de S. Oierbach; e *A Man Darf Zain A Man*

PANORAMA DO TEATRO ÍDICHE EM SÃO PAULO DE 1913 A 1970 127

(Um Homem Deve Ser Homem), de G. Rubinstein. A orquestra foi, então, conduzida pelo maestro Benjamim Silva Araújo.

Pouco depois, de 3 a 21 de julho, Henry Guero e Rosita Londner voltaram ao palco do Teatro Cultura Artística e encenaram mais cinco comédias: *Erlech Iz Shverlech* (É Difícil Ser Honesto), *Azoi Is Dos Leben* (Assim é a Vida), *Dus Telerl Fun Himel* (O Prato do Céu), *Ich Bin Nit Ich* (Eu Não Sou Eu) e *Iossele In Amerike* (Iossele na América).

Ainda em julho do mesmo ano, apresentou-se em São Paulo a Companhia Italiana Dei Giovani, sob a direção de Giorgio De Tullo, com a peça *O Diário de Anne Frank*, de Frances Goodrich e Albert Heckert, que estava em cartaz na Broadway de Nova York, com mais de quatrocentas récitas. Os principais papéis foram interpretados por Annamaria Guarnieri (Anne Frank), Rimolo Valli (pai), Elsa Albani (mãe), Italia Marchesini (Senhora Van Daan), Nino Marchesini (Senhor Van Daan) e Ferrucio De Teresa (Dussel).

A maturidade do grupo de jovens atores do Instituto Cultural Israelita Brasileiro consolidou-se quando da participação no 4º Festival Paulista de Teatro Amador, com *Histórias para Serem Contadas*, de Oswaldo Dragun, sob a direção de Alberto D'Aversa. A peça conta quatro histórias: "Uma Inflamação, uma Mulher e Dois Homens"; "Tônico Soares, Responsável pela Peste Bubônica na África do Sul"; "O Homem que Virou Cachorro"; e "Os da Mesa Dez". Amália Zeitel, Ana Mauri, Clara Goldstein, Boris Cipkus, Biro Ernesto Zeitel, Isaac Wasserman, Henrique Rosenhek, José Serber, Rafael Golombek, Clara Maltchik e Ylitch (Elias) Gleizer compuseram o elenco laureado com o 1º Prêmio do Festival. Boris Cipkus, por sua vez, recebeu o troféu de melhor ator; Elias Gleizer, de melhor coadjuvante; e a Ana Mauri foi concedido o prêmio Arlequim de melhor atriz.

Ben-Zion Witler e Shifrele Lerer completaram as apresentações em 1957, de 16 de novembro a 1º de dezembro, com as comédias *Main Glikleche Heim* (Meu Lar Feliz), *Dus Lin Fun Amul* (O Amor de Outrora), *A Gueshichte Fin Libe* (Uma História de Amor) e *Ven Hertzer Zinguen* (Quando os Corações Cantam).

1958

A história "Os da Mesa Dez", parte de *Histórias para Serem Contadas*, de Oswaldo Dragun, foi reencenada pelo grupo do Instituto Cultural Israelita Brasileiro, em 28 de março de 1958, sob a direção de Alberto D'Aversa, com a interpretação de Ana Golombek (ou Ana Mauri) e Biro Ernesto Zeitel.

As comemorações do 10º aniversário do Estado de Israel, em sessões realizadas no Teatro Municipal, em 10 de maio, e no Teatro Cultura Artística, em 9 de junho, incluíram os espetáculos *A Ressurreição de Israel* e *Nas Estepes do Neguev*, respectivamente, apresentados pelo então denominado Instituto de Cultura Hebraica, depois Casa de Cultura de Israel[3].

O primeiro espetáculo foi dirigido por Arie Avissar, e o maestro Italo Izzo dirigiu a orquestra e o coral. Felipe Wagner, como Profeta Elias; o cantor Luiz Carlos Ortiz; o *ballet* do Teatro Cultura Artística, dirigido pela coreógrafa Aída Slon; o violinista Elias Slon; e atores amadores do Movimento Juvenil Hashomer Hatzair compuseram o elenco.

Nas Estepes do Neguev, por sua vez, foi dirigida por Felipe Wagner e Igal Nossenhon, interpretada por Marcos Plonka, Racheline Soriano, Julio Casoy, Joseph Szenklewski, Maurício Tarandach e Eva Alterman (Blay).

Excursionando pelo Rio de Janeiro, o grupo do Instituto Cultural Israelita Brasileiro reprisou a opereta *Goldfaden Chulem* (O Sonho de Goldfaden), de Abraham Goldfaden, sob a direção de Jacob Rotbaum, com regência musical do maestro Pelafsky. Os principais papéis foram interpretados por Moishe Agater (Oizer), Póla Rainstein (Mirele), Balbina Sigulem (Avó Iachne), Mendel Kessenbaum (Hotzmach), Mendel Steinhaus (Marcos), Mayer Kohn (Natan, o Cohen), Guinche Kon (Soshe), Binem Orenstein (Kuni Lemel), Clara Kaftal (Tzipe), Amalia Wolak (Zlate) e Leib Aizenberg (Pristof). O local da encenação foi o Teatro Carlos Gomes e, no ensejo, o jornal *Nossa Voz* comemorava o 11º aniversário.

Em São Paulo, o aniversário de *Nossa Voz* foi, também, festivamente comemorado em 12 de julho, no Teatro Luso

---

3 Atual Centro da Cultura Judaica.

Brasileiro. Na programação artística, Mendel Steinhaus, como Chaim o carregador, e Póla Rainstein, como Chana, esposa de Chaim, interpretaram *Scholem Bais* (Paz no Lar), de I.L. Peretz. O Departamento de Arte Dramática da Associação Israelita Brasileira Biblioteca Scholem Aleikhem, do Rio de Janeiro, por sua vez, representou *Naches* (Satisfação), de I.L. Peretz, com Misha Levovitch, como Reb Shloime Apter; Moises Rawet, como filho Biniomim; Zile Goifman-Halberg, como filha Sure Leie; e Sara Taksir, filha Beile Guitl.

Max Perelman retornou a São Paulo em julho desse ano e, coadjuvado por atores do elenco local, encenou *Der Gassen Hendler* (O Vendedor de Rua) e *Zain Tsveite Chassene* (O Seu Segundo Casamento), no Teatro Cultura Artística.

Aida Slon dirigiu, em 17 de julho, no Teatro das Bandeiras, espetáculo intitulado *Casamento Israelita*, reconstituindo cenas do folclore iemenita e de Israel.

Comemorando os quarenta anos do IKT – Iídiche Kunst--Teater, da Segunda Avenida de Nova York, o seu fundador, Morris Schwartz, voltou a encantar o público de São Paulo, de 16 a 31 de agosto, com as apresentações de *Di Naie Velt* (O Novo Mundo) e *Di Hitzerne Shissl* (A Bacia Aquecida) e *In a Farvorfn Vinkl* (Num Recanto Perdido), de Peretz Hirschbein, no Teatro Cultura Artística, coadjuvado por artistas do elenco local.

1959

A Doctor (Um Médico) e *Der Milner* (O Moleiro), de Scholem Aleikhem, compuseram o espetáculo promovido e encenado em ídiche por jovens atores do Movimento Juvenil Ichud Habonim, em 31 de março de 1959, no âmbito das comemorações do 100º aniversário de Scholem Aleikhem.

O grupo do Instituto Cultural Israelita Brasileiro promoveu, igualmente, espetáculo para homenagear os cem anos do nascimento de Scholem Aleikhem, com a encenação de *Mentshn* (Gente), em 11 de abril, sob a direção de Jacob Kurlender. Os principais papéis foram interpretados por Balbina Sigulem (Madame Gold), Mendel Steinhaus (Hertz, O Empregado),

ENSAIOS DE UM PERCURSO: O TEATRO ÍDICHE EM SÃO PAULO

Guinche Kon (Ricl, empregada), Mechle Kaplanski (Iocheved), Binem Orenstein (Sender) e Leib Aizenberg (Fichel).

A sessão alusiva à celebração do 16º aniversário do Levante do Gueto de Varsóvia, promovida pelo Instituto Cultural Israelita Brasileiro, em 19 de abril, incluiu parte artística, com a encenação de *A Menina do Gueto de Varsóvia*, em português, pelo grupo teatral da Juventude, sob a direção de Rafael Golombek, e a interpretação de Mauri Korn, Celso Bianco, Waldemar Markiewicz, Izo Lesher, Malka Golspan, Ester Waldman, Hugueta Sendacz, Regina Kritzberg, Ana Herchkowicz, Bela Feldman, Amalia Knoplich, Berta Einisman, Geny Goberstein e Miriam Wagner. A outra peça, então encenada em ídiche, intitulada *Lag Baomer*, de David Licht, enfocou a tragédia do povo judeu sob o jugo nazista. A direção esteve a cargo de Jacob Kurlender, sendo Póla Rainstein, Clara Kaftal e Mendel Steinhaus os intérpretes.

Leiele e Josef Sterling retornaram a São Paulo para se apresentar, em recital único, em 16 de abril, no Teatro Paramount, com o musical *Chelemer Chachomim* (Sábios de Chelem), em espetáculo promovido por Simon Buchalsky.

No ano de 1959, a cena foi ocupada exclusivamente pelos grupos do Instituto Cultural Israelita Brasileiro, totalmente integrados na campanha para angariar fundos para o término da construção do Taib – Teatro de Arte Israelita Brasileiro.

Com efeito, no espetáculo promovido em 20 de junho, participaram elencos do grupo jovem, em português, e do grupo de representação em ídiche. O primeiro encenou fragmentos de *Histórias a Serem Contadas*, de Oswaldo Dragun, com interpretação de José Serber, Ana Golombek, Clara Golstein, Boris Cipkus, Isaac Wasserman, Julio Lerner e Waldemar Markiewicz, sob a direção de José Serber e Clara Maltchik, como sua assistente.

A encenação em ídiche incluiu a opereta *Goldfaden Chulem* (O Sonho de Goldfaden), de Abraham Goldfaden, sob a direção de Jacob Kurlender e todo elenco que a representou no ano anterior, em 9 de junho, acrescido de Eva Karp, Lola Kerinstein, Vera Steinhaus, Jaime Gilbert, Marcos Lew e Ruben Schnitman.

Logo a seguir, os grupos do Instituto Cultural Israelita Brasileiro partiram em excursões por Belo Horizonte e Porto Alegre, onde encenaram *Histórias para Serem Contadas*, de

Oswaldo Dragun; *Goldfaden Chulem* (O Sonho de Goldfaden), de Abraham Goldfaden, e *Shver Tzu Zain a Id* (É Difícil Ser Judeu), de Scholem Aleikhem.

Em 29 de agosto, o Instituto Cultural Israelira Brasileiro deu prosseguimento à celebração do centenário de nascimento de Scholem Aleikhem, com a encenação de *Shver Tzu Zain a Id*, ou também denominada *Der Blutiker Shpas* (Aposta Trágica), a cargo de Moshe Agater (David Shapiro), Janny Rainstein (Sara, a esposa de David), Clara Kaftal (filha de David), Hugueta Sendacz (filho de David), Leib Aizenberg (Sneierson, estudante), Mendel Steinhaus (Ivanoy, estudante), Binem Orenstein (Gurovitch, estudante), Póla Rainstein (Ana Fratkin, estudante), Moisés Gurfinkel (Guinsburg, estudante), Jacob Schik (Ketzale) e Hersh Fleisher (Watziratel). Izo Lescher, Isaac Wasserman e Rubens Schnitman completaram o elenco.

1960

Em 1960, prosseguiram as excursões e as intensas atividades dos grupos do Instituto Cultural Israelita Brasileiro, antecedendo a inauguração do Taib – Teatro de Arte Israelita Brasileiro.

Em 7 e 9 de fevereiro, a Sociedade Israelita da Bahia apladiu as peças *Shver Tzu Zain a Id* e *Goldfaden Chulem*. Em 20 de maio, Póla Rainstein, como Nechama, e Amalia Kaplanski, como Grune, interpretaram, sob direção de Jacob Kurlender, *In Keler Shtub* (Na Prisão), de I.L. Peretz. No ensejo, anunciou-se o falecimento de Morris Schwartz, em 10 de maio de 1960.

Em 27 de junho, o grupo de jovens atores estreou *O Menino de Ouro*, de Clifford Odets, sob a direção de Amir Haddad, com interpretação de Ana Mauri, José Serber e outros.

Os meses de outubro e novembro foram dedicados à inauguração do Taib, projetado por Jorge Wilheim e construído sob a responsabilidade técnica do engenheiro Biro Ernesto Zeitel, à rua Três Rios, 252, no Bom Retiro.

Na noite de 27 de outubro, Amir Haddad dirigiu *O Menino de Ouro*, de Clifford Odets, com interpretação de José Serber (Tom Moody), Adélia Victória (Lorna Moon), Waldemar Markiewicz (Joe Bonaparte), Ernesto Netto (Tokio), Isaac Wasserman

(Sr. Carp e Dratke), Marcos Gawendo (Siggie), Boris Cipkus (Sr. Bonaparte), Amália Zeitel (Ana), Carlos Bianco (Frank Bonaparte), Norma Roitburd (Roxy Gottlieb), Julio Lerner (Eddie Fuselli), Clovis Beznos (Pimenta Branca), Henry Ejchel (Mickey e Lewis), Isidoro Brochsztein (mensageiro), Samuel Ejchel (Drisscoll) e Josef Berman (Sam).

Em 13, 19, 20 e 24 de novembro foi encenada a comédia *Hershele Ostropolier*, de M. Gerszenson, com música de Shloime Prizament, sob a direção de Jacob Kurlender, e regência musical do maestro Ernesto Henigsberg. Póla Rainstein, como Tzipe; Isac Leibushevitz (Berl), Moishe Agater (Hershele Ostropolier), Guinche Kon (Dwosie), Amália Kaplanski (Chane Mirl), Mendel Steinhaus (Kamen), Leib Aizenberg (Binem), Mayer Kohn (Stanowoi), Jacob Schik (Zeidel) e Balbina Sigulem (Gnendel) estiveram na interpretação dos principais papéis.

Em 15 de novembro de 1960 foi a vez do Clubinho I.L. Peretz participar dos eventos de inauguração do Taib, com a encenação de *O Mágico de Oz*, em adaptação de Tatiana Belinky e Georges Ohnet, sob a direção de Felipe Wagner, cenários de Gershon Knispel, Salo Seibel como diretor de cena, Clovis Lerner como assistente de direção, figurinos de Esther Cymrot e interpretação de Moisés Zilber (guarda do castelo), Maria Rosemberg (bruxa), Julio Zlotnik (mágico de Oz), Zilda Schechter (mãe), Iza Etel Kopelman (Dorinha), Izamara Casoy (1º cogumelo), Tais Casoy (2º cogumelo), Silvia (3º cogumelo), Alberto Guzik (espantalho), Sammy Trezmielina (homem de lata) e Clovis Lerner (leão).

Em dezembro, os grupos do Instituto Cultural Israelita Brasileiro voltaram a excursionar. *O Menino de Ouro* foi encenado em Belo Horizonte, na sede da União Israelita, e *Hershele Ostropolier* foi levada em Santos, no palco do Rádio Clube.

Em 8 de agosto, registrou-se, também, a apresentação de *Mãe Coragem*, de Bertold Brecht, na sede da Congregação Israelita Paulista, à rua Antonio Carlos 653, pelo elenco do Teatro Cultura Artística, incluindo Lélia Abramo e Berta Zemel, tendo a introdução sido feita por Anatol Rosenfeld.

1961

O recém-inaugurado Taib passou a ser palco de várias companhias, além do próprio Instituto Cultural Israelita Brasileiro. Assim, em 16 de março de 1961, o elenco constituído por Lima Duarte, Dina Lisboa, Paulo José, Arnaldo Weiss, Ivonette Vieira e Ary Toledo, entre outros, interpretou *Os Fuzis da Senhora Carrar*, de Bertold Brecht, associando-se às comemorações do 10º aniversário do Teatro de Arena.

Em 16 e 10 de abril, Geraldo Vietri dirigiu *Histórias Para Serem Contadas*, de Oswaldo Dragun, com interpretação de Felipe Wagner, José Serber, Ana Mauri, Boris Cipkus, Marcos Gawendo, Isaac Wasserman, Norman Roitburd, Berek Hitelman e Selma Erlich.

O Clubinho I.L. Peretz, por sua vez, levou à cena *A Bruxinha que Era Boa*, de Maria Clara Machado, e *O Mágico de Oz*, de Tatiana Belinky e George Ohnet, sob a direção de Felipe Wagner.

Em 1 de setembro, o grupo de jovens atores do Instituto Cultural Israelita Brasileiro encenou *Nascida Ontem*, de Garson Kaniv, na abertura do Festival de Teatro Amador do Estado de São Paulo, sediado no Taib. Nesse mesmo Festival, o Clubinho I.L. Peretz encenou *O Mágico de Oz*, em 10 de outubro.

Em 23 de setembro, ocorreu a reprise de *Mentshn* (Gente), de Scholem Aleikhem, sob a direção de Jacob Kurlender, e interpretação de Póla Rainstein, Guinche Kon, Clara Kaftal, Balbina Sigulem, Amalia Wolak, Mendel Steinhaus, Moishe Agater, Leib Aizenberg e Binem Orenstein.

Comemorando a festividade de Hanuká e o encerramento do ano letivo do ensino religioso da Congregação Israelita Paulista, a Comissão de Ensino promoveu, em 10 de dezembro, a encenação de *Um Milagre para Chanuká*, de Helen Fine, sob a direção de Helena Moritz e Ruth Mehler.

1962

A abertura da temporada de 1962 do teatro ídiche em São Paulo ocorreu com a visita de Pinie Goldstein e Anna Rapel, que encenaram *A Quinta Roda*, *Farlost Zich Oif Mir* (Deixem Comigo), *Moishe Zalmens Glikn* (Alegrias de Moishe Zalmen), *Kopel Kive Vert A Tate* (Kopel Kive Torna-se Pai), de Sigal, *A Família Alegre*, *Tzipke Faier* (Tzipke, a Fogosa), *Iukl do México*, e *Beide Kunie Lemels* (Os Dois Kunie Lemels), de Abraham Goldfaden, no Taib, de 22 de abril a 17 de junho.

Na parte artística da celebração do 19º aniversário do Levante do Gueto de Varsóvia, realizada no Taib, em 23 de abril, Póla Rainstein, Mendel Steinhaus e Leib Aizemberg reencenaram *Er Lebt* (Ele Vive), de I.L. Holdes.

Em agosto, Jacob Rotbaum voltou a dirigir o grupo de Teatro do Instituto Cultural Israelita Brasileiro. Em 25 de agosto, 10 de setembro e 13 de outubro, o famoso diretor dos teatros Estatal Iídiche e Nacional da Polônia, em Wroclaw, apresentou-se em recitais, no Taib. Em 27 de abril e nas várias representações que se seguiram em novembro e dezembro, dirigiu *Sender Blank* (A Família Blank), de Scholem Aleikhem, no Taib, tendo Jaime Galperin como diretor de cena. Os principais papéis foram interpretados por Mendel Steinhaus (Sender Blank), Rafael Golombek (Marcos, filho de Sender), José Serber (Ossip Zemel, esposo de Reveca), Ana Mauri (Zelda, empregada), Guinche Kon (Miriam, segunda esposa de Sender), Clara Kaftal (Reveca, filha de Sender), Moishe Agater (Chaim, filho de Sender), Póla Rainstein (Sonia, esposa de Chaim), Balbina Sigulem (Dobrysz, irmã de Sender), Binem Orenstein (Froike, mordomo), Jacob Shik (Ziamke Gingold), Branca Kives (Lisa, filha de Ziamke), Mayer Kohn (Rab Kalmen), Leib Aizenberg (Rab Mayer) e Isaac Wasserman (Rab Zalmen). Amalia Kaplanski, Jacob Klein, Branca Orenstein e Hersh Fleisher completaram o elenco.

O grupo das Bandeirantes Avanhandava, da Congregação Israelita Paulista sob a direção de Dina Sfat, completou o ano teatral de 1962, com a encenação de *Pluft, O Fantasminha*, de Maria Clara Machado. Nos principais papéis destacaram-se Vivian Gaspary (Perna de Pau), Claudia Kupfer (Marinheiro), Vera Smit (Marinheiro), Ines Krissteller (Marinheiro), Clara Regina Zugman (Maribe), Dora Petresky (Pluft), Norah Dalva (mãe do Pluft), Ivete Beniacar (Tio Gerôndio) e Ana Dora Parthos (primo Xisto).

1963

Em 1963, *Sender Blank* (A Família Blank), de Scholem Aleikhem, foi encenada pelo grupo do Instituto Israelita Brasileiro, em Curitiba, no Auditório da Reitoria, em 2 de março; no próprio Taib, em 16 e 23 de junho e, em agosto, na União Israelita de Belo Horizonte, sob a direção de Jacob Rotbaum.

Já o grupo de atores jovens do Instituto Cultural Israelita Brasileiro associou-se a atores da Caixa Econômica Federal para encenar *O Dibuk*, de Scholem An-Ski, em tradução de Jacó Guinsburg, sob a direção de Graça Mello, com cenários de Marco Antonio Guimarães e participação do Coro Scheiffer e do grupo de danças de Aida Slon. A peça permaneceu em cartaz no Taib nos meses de abril, maio e junho de 1963, obtendo amplo sucesso de público.

Em 22 de agosto, a Associação Brasileira A Hebraica marcou a sua presença na atividade teatral com a peça *Peg do Meu Coração*, de J. Hartley Manners, em tradução de Miroel Silveira e Felipe Wagner. No ensejo, Esther Cymrot dirigiu o elenco constituído por Silvio Boraks, Rachel Krasilchik Levi, Rosa Pakula, Raquel Kapulno, Sammy Trezmielina, Natan Uren, Maria Rosenberg, Sergio Aizenberg e Eduardo Wilner.

Ian Michalski dirigiu as encenações de *As Famosas Austurianas*, de Lope de Vega, em adaptação de Augusto Boal, pelo Departamento de Arte Dramática da Associação Biblioteca Israelita Brasileira Scholem Aleikhem, do Rio de Janeiro, em 31 de agosto e 1º de setembro no Taib.

Em 14 de outubro, Amália Zeitel, Isaac Wasserman, Boris Cipkus, Clara Goldstein, Rafael Golombek, Ana Mauri, Biro Ernesto Zeitel, Henrique Rosenhek e José Serber encenaram *Histórias Para Serem Contadas*, de Oswaldo Dragun, com direção de Coaraci Dolacio Mendes, tendo Enio Gonçalves como contrarregra.

Em dezembro, no Taib, comemorando o 10º aniversário do Instituto Cultural Israelita Brasileiro, Jacob Kurlender dirigiu as apresentações de *Tife Vortzlen* (Raízes Profundas), de Arnaud D'Usseau e James Gow, em versão para o ídiche de Isaac Grodberg. Com cenários de Corintho Giacchieri e Jaime Galperin como contrarregra, os principais papéis foram interpretados por Guimche Kon (Hani), Balbina Sigulem (Bela), Moishe

Agater (senador Langdon), Ana Golombek (Nevi), Póla Rainstein (Alice), Leib Aizenberg (Howard Mark), Binem Orenstein (Roy Maxwell), Mendel Steinhaus (Tenente Brad).

Em 28 de dezembro, inaugurou-se o teatro da Associação Brasileira A Hebraica, hoje denominado Teatro Arthur Rubinstein. Sergio Cardoso apresentou-se, então, com *As Profecias de Ezequiel Sobre Israel*, em programação que incluiu o coral dirigido pelo maestro Bernardo Federowski, *ballet* de Marília Franco, *ballet* de Aida Slon e a pianista Stela Schwartz.

1964

Em 1964, Pinie Golfstein permaneceu em São Paulo, de 8 de março a 26 de junho, apresentando-se no Teatro Esplanada. Inicialmente, contracenou com Berta Ajs nas peças de sua autoria *A Empregada Importada*, *Uma Princesa em Nova York*, e *Dias Felizes*.

Ainda com Berta Ajs, interpretou *Kopel Kive Vert a Tate* (Kopel Kive Torna-se Pai), de Sigal, e *Di Rumeinishe Chassene* (Casamento Romeno), de Iossef Rumshinsky. A seguir, Pinie Goldstein juntou-se a Michal Michalovitch, Cili Teks, Anna Rapel e ao barítono Werner Griesman para interpretar *Di Goldene Chassene* (O Casamento Dourado) e *Lovke Maladietz*, ambas de Pinie Goldstein.

Os grupos do Instituto Cultural Israelita Brasileiro e da Caixa Econômica Federal uniram-se mais uma vez para contracenar a comédia *Um Dia Bem Aproveitado*, de Johann Nestroy, que permaneceu em cartaz no Taib, de 21 de maio a 12 de julho. João Ernesto Coelho Neto dirigiu o elenco, constituído por Ednei Giovenazzi (Gustav Zangler), Arnaldo Veicer (August Sonders), Arnaldo Ferrari (Hupfer e Antoine), Fortuna Leiner (Gertrude/ Senhorita Blumenblat), Carlos Henrique Silva (Cornelius Winberl), Shirley Schreier (Marie), Ana Mauri (Frau Von Fischer), Luis Lustig (Cristopherl), Claudio Luis de Mattos (Hans), Percy Berger (Albert) e Alcina Paula (Lisete).

A Certidão de Casamento (Ketubá), de Efraim Kishon, deu sequência às atividades teatrais de A Hebraica, com seus grupos Chana Szenes e Henrique Szold, integrados por Judith Jagoda, Frida Fogel, Clarisse Cherman, Joel Soihet e José Diamant. Era

PANORAMA DO TEATRO ÍDICHE EM SÃO PAULO DE 1913 A 1970   137

a primeira apresentação da peça na América do Sul, após a estreia no Teatro Hapoel, de Israel, e o marco de quinhentas apresentações.

O grupo Tami – Teatro Amador da Mocidade Israelita, também mantido pela Associação Brasileira A Hebraica, encenou *Sonhos de Uma Noite de Verão*, de William Shakespeare, no âmbito do 4º centenário do autor, sob a direção de Sergio Cardoso e regência musical do maestro Bernardo Federowski.

Em 29 de agosto, o grupo do Instituto Cultural Israelita Brasileiro empreendeu nova excursão, dessa vez a Belo Horizonte, onde apresentou *Mentshn* (Gente), de Scholem Aleikhem. Na ocasião, a União Israelita de Belo Horizonte comemorava o seu 42º aniversário de fundação.

1965

O grupo de teatro de A Hebraica, sob a direção de Marcos Jourdan, encenou, em 20 de março, *O Doente Imaginário*, de Moliére. Maurício Gian, Silvio Boraks, Nadine Stambouli, Steli Solka, Rahel Kron, José Carlos Cardoso, Sammy Trezmielina, Noemio Lerner, Maurício Edelstein, Eduardo Wilner, Berek Hitelman, Geni Dina, David Landesman, Franklin Brauer, José Franklin e Raul Bromberg compuseram o elenco.

Na celebração do 40º aniversário do falecimento de I.L. Peretz, promovida em 25 de junho, pelo Instituto Cultural Israelita Brasileiro, Mendel Steinhaaus e Póla Rainstein interpretaram *Scholem Bais* (Paz no Lar), de I.L. Peretz. A programação incluiu, ainda, os pronunciamentos de Jacó Guinsburg e José Sendacz, a declamação de Sara Goldman e o Coral Scheiffer.

No ano de 1965, a peça *Mirele Efros*, de Jacob Gordin, foi encenada por dois grupos, no Teatro Municipal: um, em 27 de junho, dirigido por Jacob Kurlender, ocasião em que Ester Perelman foi homenageada pelo seu cinquentenário artístico; outro, em 6 de agosto, pelo Teatro Estatal Judaico *Ester Rochel Kaminska*, de Varsóvia, dirigida por Ida Kaminska, filha de Ester Rochel, considerada mãe do Teatro Ídiche.

Além de *Mirele Efros*, o grupo da Polônia encenou *As Árvores Morrem de Pé*, de Alejandro Casona, e *Serkele*, de Salomon

Ettinger. Ida Kaminska, Marian Melman, Chewel Buzgan, Rywa Buzgan, Ruth Kaminska, Ruth Kowalska, Maria Fridman, Ludmila Sirota, Sofia Skrzeska, Michael Szwjlich, Karol Latowicz, Juliusz Berger, Swryn Dalecki, Josef Dogim, Szimon Szurmiej, Samuel Retting e Mieczyslau Brem compuseram o elenco.

Parte do elenco ainda permaneceu em São Paulo e apresentou no Taib, em 13, 14 e 15 de agosto, *Lachn Iz Gezunt* (Rir é o Melhor Remédio), com Ruth Kaminska, Karol Latowicz, Michael Szwjlich e Juliusz Berger, dirigidos por Karol Latowicz.

A Certidão de Casamento (Ketubá), de Efraim Kishon, teve a sua segunda apresentação em São Paulo, dessa vez pelo grupo do Instituto Cultural Israelita Brasileiro, no Taib, dirigido por Jacob Kurlender, em 27 e 28 de agosto, a seguir em 5 de dezembro. Os principais papéis foram protagonizados por Póla Rainstein (Shifra, esposa de Elimelech), Guinche Kon (Iafa Birenbaum), Sara Goldman (Shoshana, filha de Elimelech), Moishe Agater (Elimelech Borovski), José Serber (Buki, secretário do kibutz) e Mendel Steinhaus (Robert Knoll).

O Clubinho I.L. Peretz encenou, no Taib, em 12 de setembro, *O Gato de Bota Nova*, de Tatiana Belinky, sob a direção de Ivonete Vieira. Em 11 de novembro, o grupo teatral da Congregação Israelita Paulista, integrado por Reynaldo Brandt (futuro presidente do Hospital Albert Einstein), Lucien Calmanovitz, Avraham Hamoni, do conjunto de danças, Mauro (dos jograis) e Myriam (do assobio), encenou *Nós, Elas e o Capitão*, com cenários de Marjorie Sonnenchein e iluminação a cargo de Sasha e Milan Markus.

1966

A Certidão de Casamento (Ketubá), de Efraim Kishon, e *Sender Blank* (A Família Blank), de Scholem Aleikhem, constituíram o repertório do grupo do Instituto Cultural Israelita Brasileiro em 1966. *A Certidão de Casamento* foi encenada sob a direção de Jacob Kurlender, em Belo Horizonte, no Teatro Marília, em 19 de março, e, em Curitiba, no Teatro Guaira, em abril de 1966. *Sender Blank*, por sua vez, foi apresentada no Taib, em 18 e 19 de junho, e no Teatro Municipal do Rio de Janeiro, em 03 de julho, sob a direção de Jacob Rotbaum.

O grupo teatral da Congregação Israelita, então dirigido por Fredi Kleemann, encenou, em 17 de agosto e 12 de outubro, o drama *Noite de 16 de Janeiro*, de Ayn Rand. Silvio Heibut e H. Martins ocuparam-se do cenário; Monica Ortweiller assistiu Fredi Kleemann na direção, e Sasha e Milan Markus encarregaram-se da iluminação.

Em outubro do mesmo ano, o público de São Paulo teve a oportunidade de receber Joseph Bulow, legendário integrante do Vílner Troupe e que constituíra o elenco da primeira apresentação de *Der Dibuk*, em 1920, no papel de Henach. De 6 a 9 de outubro, o Teatro Municipal foi palco da peça *Di Brider Ashkenazi* (Os Irmãos Ashkenazi), de I.I. Singer e *O Vagabundo*, *A Bruxa*, *Casa de Música*, de Anton Tchékhov, com interpretação do próprio Joseph Bulow, Luba Kadison, Sara Aigen, Pinchas Apel, Yordana Fain, Samuel Guildin, José Griminger, Samuel Heilman, Max Kloss, Natan Klinger, Anita Lang, Icchok Lichtensztein, Cipe Lincovsky, Alberto Marty, Katia Plavina, Tessy Rainer, Meme Vigo e Mario Podrabinek.

Fredi Kleemann, dirigindo o grupo de teatro da Hebraica, concluiu o ano de 1966 com a peça *Pega Fogo*, de Jules Renard. Do elenco, Vivian Schneiderman (Anete, a empregada), Franklin Bauer (Pega Fogo), Nadia Ely (Sra. Lepic) e Natan Uren (Sr. Lepic).

1967

Constam apenas três registros de peças encenadas em 1967. Em 11 e 12 de abril, o grupo teatral da Congregação Israelita Paulista, dirigido por Fredi Kleemann, encenou *Santa Marta Fabril S.A.*, de Abílio Pereira de Almeida. Da equipe técnica participaram Aparecido, na iluminação; Jan Sibeijn, na direção de cena; Lilian Boieiras, nos figurinos; Silvio Heilbut e B. Görick, Margarida Jacoby e Monica Ortweiler, como assistentes de direção. Os papéis foram interpretados por Doris Meyer (Nenê Paraíso), Mario Hertzberg (Acrísio), Lucia Singer (Martuxa com 22 anos), Ayala Erlich (Julia), Stela Ortweiler (D. Marta), Leopoldo Ehrlich (Tonico), Reinaldo Brandt (Claudio), Gaby Hirshberg (Marta), Silvio Heilbut (Clóvis), Miriam Salomon (Martuxa com 6 anos) e David Wilder (Rapaz).

ENSAIOS DE UM PERCURSO: O TEATRO ÍDICHE EM SÃO PAULO

Em 16 de setembro, Max Perelman apresentou-se com Simon Dzigan em *Humor Judaico*, no Teatro Paramount.

Lia Kenig e Xwys Tolper, do Teatro Habima de Israel, completaram o ano teatral de 1967 com a peça *Adão e Eva Através dos Séculos*, encenada no teatro de A Hebraica, em ídiche, e na Congregação Israelita Paulista, em hebraico, respectivamente em 17 e 18 de setembro.

1968

Zig e Chaviva, de Efraim Kishon, e *Um Pedido de Casamento*, de Anton Tchékhov, foram encenadas em abril de 1968 pelo grupo teatral da Congregação Israelita Paulista, integrado por Ayala Erlich, Lucia Singer, Nadia Ely, Berek Hitelman, Leopoldo Erlich, Edoardo Cohen, Milan Markus e Sergio Aizenberg.

Réquiem para Noite de Sexta-Feira, de German Rozenmacher, foi, a seguir, encenada no Teatro Itália, pelo elenco constituído por Mauro Mendonça, Felipe Carone, Lélia Abramo e Eraldo Rizzo.

Zygmund Turkow contracenou, em 28 e 29 de maio, com Jacob Kurlender, Cili Litvak, Noel Nudelman e Rosa Turkow, no teatro de A Hebraica, a peça *Volte Para Casa, Meu Filho*, em ídiche.

Peisechke Bursztein, Lilian Luks e Motele (Mike) Bursztein voltaram a São Paulo, em 1º de setembro de 1965, para encenar a opereta *Ester* no teatro de A Hebraica.

1969

A diminuição da atividade do teatro ídiche chegou ao limite mais baixo em 1969, ano em que não se registrou qualquer encenação no ano.

1970

Em 1970, Jacques Zveibil, Henia Blay e elenco de 45 atores, componentes do grupo de teatro de A Hebraica, encenaram *Purim 70*, de Henia Blay e Eloy de Araújo, em 19 de março.

PANORAMA DO TEATRO ÍDICHE EM SÃO PAULO DE 1913 A 1970   141

Dora Kalinowna, acompanhada de coral regido pelo maestro Bernardo Federowski e por Sima Halpern ao piano, interpretou em julho de 1970, *As Duas Velhinhas*, *Muro das Lamentações* e *O Novo Ser*, de Gamzu-Luden e Kaganowsky.

O ano teatral concluiu com três espetáculos, em outubro, dos atores Henry Guero e Rosita Londner, interpretando trechos de peças em ídiche.

O panorama assim descrito do teatro ídiche em São Paulo, abrangendo o período de 1913 a 1970, inclusive, mostra que o período de ouro ocorreu nos primeiros anos da década de 1950, tanto em qualidade como em quantidade.

Durante todos esses anos, companhias e atores visitantes desfilaram pelos palcos, encenando os grandes dramaturgos judeus, como Abraham Goldfaden, Scholem Aleikhem, Itzchok Leibush Peretz, Jacob Gordin, Peretz Hirschbein, I.I. Singer, seu irmão I. Bashevis Singer, Scholem Asch e Scholem An-Ski, além de comédias e operetas "para rir e cantar".

Os imigrantes aqui radicados constituíram elencos profissional e amador, com apresentações autônomas ou integrando os grupos dos atores visitantes. Destaque especial ao Anhait Club, Iugent Club, sucedidos pelo Centro Cultura e Progresso e, mais tarde, pelo Instituto Cultural Israelita Brasileiro, pela expressiva contribuição ao teatro ídiche e pelo estímulo à formação de novos atores, que se projetaram, com sucesso, no cenário do teatro brasileiro.

Quando as escolas alteraram a prioridade no ensino do idioma de identificação judaica, reduzindo drasticamente ou, mesmo, suprimindo o ídiche do currículo; os avós tentavam assimilar o português; e os pais se distanciavam do ídiche, assistimos à redução progressiva do teatro ídiche, chegando a nenhum registro de peça encenada em 1969 e apenas quatro em 1970.

Na continuidade dos anos de 1970 até nossos dias, mantêm-se ativos grupos teatrais, patrocinados por instituições comunitárias, que se expressam no idioma português, encenando autores judeus ou não.

Retratos de Atores do Teatro Ídiche em São Paulo

A pergunta que se delineia é: de onde isso surgiu? Como isso veio parar aqui? Quem foram as pessoas que trouxeram isso na sua bagagem? Quais os grupos de teatro que representaram esse repertório? Por que estes rastros se apagaram e desconhecemos os caminhos percorridos até chegar aqui?

Os motivos pelos quais tantos documentos foram perdidos são inúmeros. Apenas para mencionar alguns, por não ser esse o tema deste trabalho: o descaso das famílias e das entidades; os motivos políticos, face às turbulências que o país atravessou; o fato de que muitas notícias nem sequer foram publicadas e estão irremediavelmente perdidas para a posteridade. O que foi possível recuperar é apenas a ponta de um imenso *iceberg*, mas felizmente suficiente para que ao menos tornasse possível avaliar o que foi e quem foram os protagonistas desse movimento. Assim será possível preencher mais esta lacuna na história do teatro brasileiro e o papel por ele desempenhado com os imigrantes. Do alto desse *iceberg* imaginário é possível vislumbrar o retrato esquecido de um teatro que fervilhou de tanto entusiasmo e uma herança cultural ainda recuperável.

144 ENSAIOS DE UM PERCURSO: O TEATRO ÍDICHE EM SÃO PAULO

ROSA E MILE CIPKUS[1]

A família de Boris Cipis sempre teve participação ativa no teatro ídiche. Eles eram de Odessa, e um dos Cipkus trabalhou com Abraham Goldfaden e Ester Kaminska. Eram atores itinerantes, dirigiam-se com suas carroças para qualquer lugar que tivesse um punhado de judeus. Os palcos eram improvisados, o público se conformava em se sentar em bancos de madeira, e os atores mal tinham um toco de vela para se maquiar. As estradas eram péssimas, o inverno rigoroso e os fiscais infernizavam suas vidas, ora cobrando licenças a preços proibitivos, que nenhum ator conseguia pagar, ora pelas proibições dos espetáculos, por serem na língua ídiche.

Numa dessas andanças, na cidade de Berditschev, na Ucrânia, os saltimbancos iriam apresentar-se num circo que, por infelicidade, pegou fogo pouco antes. Famílias inteiras perderam seus entes queridos, casamentos foram desfeitos por causa das deformidades causadas pelo incêndio. Isso apesar de que apresentar-se num circo já era equivalente ao que havia de melhor, com camarins, um pedaço de espelho para maquiagem. Mas, diante do episódio, não houve clima para a sessão. A trupe saiu novamente para a estrada em busca de uma sorte mais favorável.

A saga da família foi relatada por Nechemias Zucker, através das memórias de infância da atriz Zina Rappel. O livro, em ídiche, conta a história de quatro gerações. Todas as dificuldades dessa vida errante são descritas pela ótica de uma criança. Infelizmente, essa criança não cita os nomes das cidades, nem das peças em que seus pais se apresentaram. As dificuldades financeiras são expostas pelo clima de brigas entre os pais, pela insensibilidade da avó e pelas bebedeiras do pai. Zina fingia que estava dormindo, mas, com as portas fechadas e sob os lençóis, ela percebia tudo o que se passava e sofria muito. Zina radicou-se na Argentina e esteve inúmeras vezes no Brasil. Quando vinha para cá, ficava hospedada na casa de seus parentes, na rua da Graça.

Em 1923, o pai de Boris Cipis e seus avós Jacó e Ita Cipis vieram para o Brasil. Posteriormente, Mile trouxe a esposa Rosa Laks Cipis e o restante da família, inclusive Idel Laks, irmão

---

1 Nome artístico, o verdadeiro nome da família é Cipis, como figura imediatamente abaixo.

de Rosa, que foi durante toda a vida ponto no teatro ídiche. Foram recebidos no Rio de Janeiro pela atriz Eva Polansky, que já mantinha uma atividade teatral.

Parênteses especiais para a figura de Idel Laks, com base no depoimento de Boris Cipis. Idel Laks era uma pessoa de vasta leitura, gozadora, irônica, um homem culto. Boris o comparou a Paulo Francis. Ele era considerado um reacionário, totalmente contrário ao regime da União Soviética e às esquerdas, desacreditando os resultados e denunciando a matança de escritores e médicos judeus. Boris achava que Idel Laks estava inventando tudo, mas, ao final, suas profecias se confirmaram. Na sexta-feira, quando acabava o expediente no *Novo Momento*, jornal onde ele trabalhava como revisor, Idel ia ao Bar Brahma. Bebia quantidades enormes de cerveja, mas nunca ficou bêbado. Existia um copo chamado Maracanã de um litro e meio. Ele tomava seis desses, com Simon Buchalsky e outros amigos. Boris não conseguia beber nem 10% do que o seu tio conseguia tomar. Nessa época, ele sofreu um pequeno enfarte. Boris foi visitá-lo, e o médico havia proibido Laks de abrir a boca. Ele não se deu por achado e escreveu um bilhetinho, dizendo que as companhias Antártica e Brahma iriam à falência, porque ele não estava consumindo chope.

Durante muitos anos, a esposa de Idel recebia uma ajuda de custo de um tio rico, que morava nos Estados Unidos, no valor de US$ 100,00. Com essa quantia, Idel levava a vida que queria, ou seja, nada de trabalho, e passava o tempo lendo livros e mais livros sem parar. Durante a noite, encontrava os amigos e discutia literatura. Só quando o tio norte-americano parou de mandar dinheiro, Idel arrumou emprego no jornal e interrompeu a sua rotina de ficar lendo à sombra das árvores do Jardim da Luz. Permanece o mérito de ter sido o "ponto" oficial do teatro ídiche, quer para grupos locais, quer para as companhias itinerantes que por aqui estiveram.

A atividade teatral da família Cipis, conforme relatada por Boris Cipis, incluía turnês em diversas cidades, como Porto Alegre, Rio de Janeiro e Curitiba. Numa dessas excursões, o casal Cipis ficou isolado em 1932, por causa da Revolução Constitucionalista. Durante seis meses ficaram sem poder escrever para os filhos que deixaram aos cuidados da família em São Paulo. As crianças tinham o almoço garantindo pelo bar bufê do Jacó Gevertz, na rua José Paulino. Na época, Boris estava com seis anos de idade e suas irmãs Sara, com nove, e Dora, com três anos de idade.

Boris Cipis assegura que a única coisa que seus familiares sabiam fazer era teatro e sempre se sustentaram, mais mal do que bem, com o teatro. Infelizmente, porém, não havia dinheiro para anúncios, nem impressão de programas. Os próprios atores iam de casa em casa vender os ingressos, que eram pagos mais com promessas do que com dinheiro. A maior alegria dos seus pais atores era quando o público fazia fila na porta do teatro para comprar os bilhetes, e eles não precisavam vendê-los em domicílio, correndo o risco de não receber o pagamento devido.

Numa ocasião, os Cipis estavam com grandes dificuldades financeiras, e um amigo montou uma mala com artigos de cama, mesa e banho, para que Mile tentasse fazer uma clientela. A mala ficou em cima do armário, intacta, durante dois meses. Mile mandou o filho devolver a mala. Não estava no sangue. Não levava jeito para a coisa.

Boris lembra do carinho que as prostitutas lhe dedicaram, presenteando-o com bolas e cavalinhos. Elas amavam o teatro porque lhes recordava os tempos de meninice e atenuava as saudades que tinham de suas famílias. Elas eram as primeiras a comprar os ingressos e gostavam de se sentar na primeira fila.

> Quando meus pais não estavam [relata Boris] a gente improvisava e fazia teatro no quarto. O palco era em cima da cama, o lençol era a cortina e a gente cobrava um botão de cada moleque que quisesse assistir o espetáculo.
>
> Havia uma família de italianos, donos de uma mercearia que nos ajudava muito. Meus pais punham os gêneros alimentícios na conta e, quando o espetáculo rendia algum dinheiro, pagavam o que deviam. Os dias que a plateia estava repleta e a bilheteria tinha rendido bem, meus pais traziam para casa *keiskuchen* (torta de ricota). Com um pouco de sorte, encontrava-se uma uva passa, mas era raro. Então nós sabíamos que o espetáculo tinha sido um sucesso.

Boris aprendeu o ídiche assistindo às peças no próprio palco. O casal atuou no teatro ídiche desde a segunda metade da década de 1920, só que não há documentação a respeito.

Rosa e Mile encenavam todos os gêneros. Há fotos de Mile caracterizado como Rapustin, o Golem, ou como personagens de Ibsen e em tragédias. Mile era um artista completo, fazia comédia, drama, tragédias. Ele era um tipo de comediante cuja simples presença no palco já fazia o público morrer de rir. Ele possuía uma mímica impagável, uma boa voz para cantar e uma dicção perfeita. Essa última qualidade, Boris afirma ter herdado, assim como a postura perfeita em cena. Mile levava a profissão muito a sério. O espetáculo estava marcado para as 21h, às 18h ele já estava no teatro para fazer a maquiagem com muito cuidado, enquanto se concentrava para entrar no palco.

Mas esse artista com tantas qualidades possuía uma fraqueza que lhe foi fatal, era alcóolatra. Ao mandar o filho comprar duzentos réis de pinga, Boris jogava um pouco da bebida fora, com intenção de preservar um pouco mais a saúde do pai. Mile faleceu aos 39 anos de cirrose hepática, quando Boris tinha apenas treze anos de idade. O pai de Mile, Jacó Cipkus também bebia, e o pai de Jacó Cipkus, bisavô de Boris, tinha uma adega, e relata-se que ele bebeu a adega…

Os amigos da família Cipis organizaram um espetáculo beneficente, em 9 de janeiro de 1940, no Teatro Municipal, cuja renda de sete contos e quinhentos mil réis foi entregue a Rosa Cipis. Na ocasião, atores de Buenos Aires e de São Paulo encenaram *Charute*, de Tolstói. No elenco estavam estrelas como Shifrele Lerer, Mina Akselrad, Lisa Maximova e também os artistas locais: a famosa declamadora Sara Fridman; Simon Buchalsky e Jacob Weltman; ao piano, o maestro Carlos Ostronoff. Com a renda do espetáculo, Rosa comprou uma venda e, durante dois anos, tentou se manter no comércio. Mas como nem ela nem os filhos tinham talento para negociar, tiveram que vender a loja, e buscar outra solução para se manter. Boris diz que eles comeram o que havia na venda…

Durante a guerra, o movimento de artistas diminuiu muito. As companhias itinerantes dificilmente conseguiam entrar no Brasil. Em 1945, a movimentação retoma o seu ritmo.

Boris acompanhava sua mãe quando ela ia trabalhar. Assistia deslumbrado à profusão de luzes, cenários luxuosos e roupas brilhantes. Sua mãe fazia o papel de uma mulher rica, finamente trajada. Ao terminar o espetáculo, ela guardava tudo numa malinha. Mãe e filho se dirigiam para a rua Santa

148   ENSAIOS DE UM PERCURSO: O TEATRO ÍDICHE EM SÃO PAULO

Efigênia, onde pegavam o bonde Jaraguá e voltavam para o cortiço. O quarto media 2,5m x 2,5m e só ali moravam cinco pessoas: pai, mãe e três filhos. O banheiro do cortiço ficava a uma distância de trinta metros do quarto. Quando vinham os parentes de Buenos Aires, eles se hospedavam no mesmo quarto, incluindo Zina Rappel, Cili Teks, Natan Klinger e sua filha Estercita. No mesmo cortiço, moravam mais dois irmãos de Rosa, um deles o já mencionado Idel Laks. A família que ocupava a parte da frente era considerada rica, pois dispunha de banheiro e cozinha. Os outros utilizavam uma pequena cozinha de uso coletivo.

É muito difícil determinar o número exato de peças do repertório da família Cipkus. Eles chegaram no período mais difícil das levas migratórias. Não havia recursos financeiros para anúncios, e ninguém havia aprendido a língua local para utilizar os jornais da cidade. Folhetos, programas, nada foi feito. A divulgação era feita na base do boca a boca. Quando passou a existir o programa em ídiche no rádio, os atores promoviam os espetáculos ao vivo. A primeira peça encenada pelo casal, da qual se tem registro, ocorreu em 1933, denominada *Provocator Azef* (Promotor Azef), em espetáculo promovido por Ester Perelman e Itzkhak Deutch. O casal Cipkus começara a fazer teatro em 1924. Nesse período de nove anos ficamos sem saber o que aconteceu. Outro agravante para essa ausência de registros é a omissão do nome do autor e a alteração do nome da peça para não ter de pagar direitos autorais.

O casal Cipkus era muito versátil. Ambos tinham boas vozes, que se prestavam para musicais e operetas. Eram solicitados para complementar elenco de atores visitantes. Trabalharam com Itzchak Feld, Lola Szpilman, Clara Fridman, Joseph Buloff, Ben-Ami, Turkow e Morris Schwartz.

Em 1946, Morris Schwartz chegou ao Brasil e organizou uma cooperativa de atores, incluindo Rosa Laks Cipkus. O teatro que eles usaram para as apresentações foi o Odeon. Essa casa de espetáculo possuía duas salas: a vermelha e a azul, com capacidade para 1500 espectadores. Despesas descontadas, o lucro era dividido entre os atores. Boris se recorda que essa foi uma época estável, com as seguintes palavras: "ninguém ficou rico, mas deu para comer bem".

Seguem as relações de peças encenadas por Mile Cipkus, Rosa Laks ou Rosa Cipkus e pelo próprio Boris Cipkus. Observe-se ainda uma grata surpresa, quase uma homenagem para seus avós de abençoada lembrança: uma atriz de uma única peça, Vera Cipis, a filha de Boris. Foi apenas um acontecimento de juventude, pois nenhum daqueles artistas amadores possuía pretensões profissionais. Talvez não tenha sido por acaso que seus amigos de palco lhe delegaram o papel principal, porque Vera tinha talento. A apresentação teve lugar em outubro de 1970, no teatro de A Hebraica, *Zig e Chaviva*, de Efraim Kishon, e era quase uma brincadeira espontânea, mas a recuperação da memória nos permite reencontrar a origem do seu talento nas carroças de saltimbancos atoladas na neve.

Mile Cipkus (35 peças encenadas)

ANO	PEÇA
1933	*Casamento da Galícia*
	Hallo Mama
	O Grande Amor
	Canção de Menor
	Chaike In Odess (Chaike em Odessa)
	A Heim Far A Mamen (Uma Casa para a Mãe)
	Di Eibike Naronim (Os Tolos Perpétuos)
	Provocator Azef (Promotor Azef)
	Di Shlechte Froi (A Mulher Má)
	Palhaço Cego
1934	*Tevie Der Milchiker* (Tevie, o Leiteiro)
1935	*Shver Tzu Zain A Id* (Aposta Trágica)
1936	*Oif Der Elter* (Na Velhice)
	Der Futer (O Pai)
1937	*Tzu Schpeit* (É Muito Tarde)
	Shloime Zolmens Chassene (Casamento de Shloime Zolmen)
	Mirele Efros
	Ihr Goldener Cholem (Seu Sonho Dourado)
	Di Iidiche Chassene (O Casamento Ídiche)
	Kopel Kive Vert A Tate (Kopel Kive Torna-se Pai)
	Pinie Fun Pintchev (Pinie de Pintchev)
	Far Ihre Kinder (Pelos Seus Filhos)
	Ihr Groisser Sod (Seu Grande Segredo)
	Zindeke Mames (Mães Pecadoras)
	Ich Vil A Kind (Grito da Consciência)
	Corações à Venda
1938	*Oi América*
	Chaim Schies Gliken (As Alegrias de Chaim Schie)
	Der Shtot Meshugener (O Louco da Cidade)
	Der Varshever Landsman (Patrício de Varsóvia)
	Bai Mir Bistu Shein (Você é Linda Para Mim)
	Shmyie Fun Chnifishak
	Mazel Tov, Mame (Boa Sorte, Mamãe)
	Itshe Meier Fun Warshe (Itshe Meier de Varsóvia)

Rosa Laks Cipis

Como Rosa Laks (37 peças encenadas)

ANO	PEÇA
1933	*Provocator Azef* (Promotor Azef)
	Di Eibike Naronim (Os Tolos Perpétuos)
	Chaike In Odess (Chaike em Odessa)
1934	*Tevie, der Milchiker* (Tevie, o Leiteiro)
1935	*Shver Tzu Zain A Id* (Aposta Trágica)
1936	*Oif Der Elter* (Na Velhice)
1937	*Ihr Groisser Sod* (Seu Grande Segredo)
	Nora
	Pinie Fun Pintchev (Pinie de Pintchev)
	Kopel Kive Vert A Tate (Kopel Kive Torna-se Pai)
	Di Iidiche Chassene (O Casamento Ídiche)
	Ihr Goldener Cholem (Seu Sonho Dourado)
	Zindeke Mames (Mães Pecadoras)
	Shloime Zolmes Chassene (Casamento de Shloime Zolme)
	Ich Vil A Kind (Grito da Consciência)
	Mirele Efros
1938	*Itshe Meier Fun Warshe* (Itshe Meier de Varsóvia)
	Der Shtot Mechugener (O Louco da Cidade)
	Oi América
	Der Varshever Landsman (Patrício de Varsóvia)
	Bai Mir Bistu Shein (Você É Linda Para Mim)
	Shmyie Fun Chnifishak
	Mazel Tov, Mame (Boa Sorte, Mamãe)
	Chaim Schies Gliken (As alegrias de Chaim Schies)
1941	*Der Zeide Gueit* (Lá Vai o Vovô)
	Der Oitser (O Tesouro)
1945	*A Grus Fun Rusland* (Saudação da Rússia)
	Gezund Un Meshige (São e Louco)
	Ioske Vert a Chussn (Noivado de Ioske)
	A Mazel Fun A Bocher (A Sorte de um Rapaz)
	Dorfishe Princessn Fun Di Goldene Tzaitn
1946	*Tzurik Aheim* (Lua de Mel)
	Der Gelibter Bin Ich (Amante Sou Eu)
	Tate Un Zin (Pai e Filho)
	Não Pensar
1953	*Ir Chupe Tantz* (A Sua Dança Nupcial)
1954	*Di Freileche Kapele* (A Alegre Orquestra)

Como Rosa Cipkus (85 peças encenadas)

ANO	PEÇA
1940	*Chassier Di Iessoime* (Chassie, a Órfã)
1943	*Dos Groisse Gevins* (A Sorte Grande)
1944	*Shlomke Sharlatan* (Shlomke, o Charlatão)
1945	*Vintsh Mir Mazel Tov* (Deseje-se Sorte)
	Der Leidigueier (Por Acaso)
1946	*Tzulib Noit* (Por Necessidade)
	Der Heiliker Flam (A Flama Sagrada)
	Tzurik Aheim (Lua de Mel)
	Hertzer Un Blumen (Casamento)
	Der Heiliker Tantz (A Dança Sagrada)
1947	*Altz Far Dir* (Tudo por Você)
	Main Hartz Iz Dain (O Meu Coração É Teu)
	Der Chazen Zinger (Vem Casar Comigo)
	Zain Letz Gezang (Sua Última Canção)
	Leben Zol Zain Geleibt (A Vida Deve Ser Vivida)
	Mit Ofene Oign (Com os Olhos Abertos)

RETRATOS DE ATORES DO TEATRO ÍDICHE EM SÃO PAULO

1949
Guetzel Fun Chelem (Guetzel de Chelem)
Chassie Di Iessoime (Chassie, a Órfã)
Der Mames Zindele (O Filhinho da Mamãe)
Der Shlimazeldiker Chussn (Noivo Sem Sorte)
Motl Furt Kain Isruel (Motl Vai A Israel)

1950
Di Kurtn Varfern (Jogadores de Cartas)
Der Klezmerl (O Músico)
Gekoifte Libe (Amor Comprado)
Emigranten (Os Emigrantes)
Chane Pessl Fun Odess (Chane Pessl de Odessa)
Der Freilecher Tzigainer (O Cigano Alegre)
Americaner Glikn (Alegrias Americanas)
Idn Furn Kain Isruel (Judeus Vão a Israel)
Mazel Tov (Boa Sorte)
Di Rumeinishe Chassene (Casamento Romeno)
Tzipke Faier (Tzipke, a Fogosa)
Vus Kinder Kenen (O Que os Filhos Podem)
Dem Zeidns Guelibte (A Namorada do Vovô)
A Nacht In Varsche (Uma Noite em Varsóvia)
Der Iberiquer Mentsh (O Homem Excedente)
Dos Freileche Shnaiderl (O Alfaiate Feliz)
Emigranten (Os Emigrantes)
In Na Ungareshe Kretshme (Taberna Húngara)

1951
Guetzl Vert A Chussn (Guetzl Fica Noivo)

1952
Der Vilner Chossn (O Noivo de Vilna)
Opgenarte Mener (Homens Enganados)
Der Zeide Gueit (Lá Vai o Vovô)
A Man Tsu Fardingen (Aluga-se um Marido)
Dos Redele Dreit Zich (A Rodinha Gira)
Di Importitte Dinst (Empregada Importada)
Chassie Di Iessoime (Chassie, a Órfã)
In A Meshugener Velt (Mundo Louco)
Nacht Mentshen (Homens da Noite)
Idn Redn, Idn Zinguen (Judeus Falam e Cantam)
Der Paiaatz (O Palhaço)
Tchiat Hameissim/Katiusha Maslova
Vaiber (Mulheres)
A Brivele Der Mamen (Carta a Mamãe)
Motl Meiers Gliken (Alegrias de Motl Meiers)
A Simche In Shtetl (Uma Festa na Cidadela)
Kroitzer Sonate (Sonata a Kreutzer)
Di Froi Vos Hot Derharget (A Mulher Que Matou)
Di Gebrochene Hertzer (Corações Partidos)
A Kamf Far A Heim (A Luta Por um Lar)
Zait Gezunt (Adeus)
Vi Mener Liben (Como os Homens Amam)

1953
Brider Zinguer
In A Poilicher Kretshme (Numa Taberna Romena)
Yokls Chassene (O Casamento de Yokl)
Di Iidiche Tzigainerim (A Cigana Judia)
Kopel Kive Vert A Tate (Kopel Kive Torna-se Pai)
Der Golem Fun Prag (O Golem de Praga)
Ven A Mame Gargest (Quando a Mãe Esquece)
Ir Chupe Tantz (A Sua Dança Nupcial)
Dos Meidl Fun Poiln (A Moça da Polônia)

1954
Der Dibuk
Di Shchite (A Matança)
Got Mentsh Teivl
Der Mishpet (O Julgamento)
Der Tfilin Yid (O Judeu do Tfilin)

> *Sheilok Un Zain Tochter* (Sheilok e sua Filha)
> *Far Elterens Zind* (Para o Sofrimento dos Pais)
> *Hulie Kabtzen* (Alegre-se Pobre)
> *Tog Un Nacht* (Dia e Noite)
> *Di Freileche Kapele* (A Alegre Orquestra)
> *Dos Galitzianer Vaibel* (A Mulherzinha da Galícia)
> *Di Goldene Kale* (A Noiva Dourada)
> *Di Brider Ashkenazi* (Os Irmãos Ashkenazi)
> *Kidush Hashem* (Pela Santificação do Senhor)

Boris Cipkus (12 peças encenadas)

ANO	PEÇA
1948	*Dos Groisse Gevins* (A Sorte Grande)
1949	*Der Dorfs Iung* (O Rapaz da Aldeia)
	Madame Jaclin
1951	*Der Zinguer Fun Zain Troier* (O Cantor da Sua Mágoa)
1953	*A Farsa e Justiça do Sr. Corregedor*
1956	*Bolingbrok & Cia.*
1957	*Histórias Para Serem Contadas*
1959	*Um Veredito Para N.N.*
1960	*O Menino de Ouro*
1961	*Histórias Para Serem Contadas*
1963	*Histórias Para Serem Contadas*
	O Dibuk

PÓLA RAINSTEIN

O teatro ídiche não acabou. A gente se adapta ao país onde mora, onde está, onde vive e se adapta à língua. A juventude conhece o valor da língua ídiche, que é riquíssima. Acho que é necessário traduzir, apesar de ser difícil. Scholem Aleikhem é difícil de traduzir, pois as palavras em ídiche são doces e gostosas, a tradução não dá a mesma satisfação do original. Na tradução a gente perde 50%, mas, em compensação, também ganha 50%, pois sem a tradução essa cultura seria reduzida a nada.

[...]

Scholem Aleikhem já dizia: "Rir é muito bom, bom para todo o mundo". Há cenas tristes, mas a gente ri. A questão é que existiu um só Scholem Aleikhem, até agora não nasceu outro. Traduzindo, não vai ter o mesmo sabor, porque perdemos as expressões idiomáticas mais engraçadas, os trocadilhos, palavras de duplo sentido, enfim sempre ocorrem perdas.

[...]

O melhor é representar em ídiche, para quem não entender a gente explica tudo antes de fazer a apresentação.

[...]

O nosso coral o que faz? Tem muitos que não falam ídiche, mas entendem o que estão fazendo, e quem entende o que está fazendo, faz muito melhor, é mais bem aproveitado. É uma coisa simples!

[...]
Eu gostaria de ver isso de volta. A ópera não é cantada em português, ela é cantada em italiano, francês, alemão e muitas outras línguas, e nem por isso perde o sentido artístico. Por que não em ídiche?
[...]
O Sonho de Goldfaden é, em grande parte, cantada. Ela poderia ser adaptada para ser toda cantada. Acho isto possível e não perderei nunca as esperanças.

Na opinião de Póla Rainstein, o teatro ídiche se transformou e contribuiu com grandes talentos para o teatro brasileiro e a televisão. A peça de Scholem An-Ski, *O Dibuk*, se tornou um dos clássicos do repertório brasileiro. De tempos em tempos é representada com diversos elencos, permitindo que as novas gerações a apreciem. Outra pérola do repertório judaico é *O Violinista no Telhado*, de Scholem Aleikhem, assim como *A Sorte Grande*. Peças adaptadas com os recursos de hoje e devidamente reescritas para o gosto da plateia, enriquecidas com trilhas musicais, mas sem perder o clima da peça original.

No material consultado dos anúncios dos jornais, programas e folhetos de divulgação consta a participação de Póla Rainstein em 52 peças. É sabido, entretanto, que, durante décadas, Póla se apresentava todas as semanas com peças diferentes. Às vezes eram peças de um único ato e, quando isso ocorria, as chamadas sessões litero-musicais, incluíam mais de uma peça de curta duração.

Durante uma das entrevistas, Póla mostrou sua coleção de livros em ídiche e disse: "Nós pegávamos trechos de Peretz, Scholem Aleikhem e outros, adaptávamos e fazíamos pequenas pecinhas. O diretor copiava as falas dos personagens em caderninhos escolares de caligrafia, entender a letra do diretor era um desafio a mais".

Póla Rainstein nasceu em Lodz e era filha do Rabino Josef Korpel. Tinha quatro irmãs e quatro irmãos: Chana, Sara, Ruchel Léa e Bina; Fishel, Moishe, Mayer e Yonatan. O pai rabino possuía uma voz muito bonita e era maestro do coral de meninos da sinagoga. Os ensaios do coro, assim como as aulas de Bar-Mitzva, aconteciam na própria casa, onde Póla, ainda criança, podia apreciar o timbre maravilhoso de tenor que seu pai possuía. O teatro não era muito bem visto pelo pai, mas as suas irmãs mais velhas gostavam, e Póla se lembra de ter ido várias vezes em companhia das suas irmãs.

O antissemitismo já era muito grande, e Póla frequentou a escola judaica, onde havia primário e ginásio. Quando tinha seis anos de idade perdeu a mãe, ficando aos cuidados das suas irmãs mais velhas. Seu pai nunca se casou novamente e permaneceu na Polônia até o fim da vida.

Póla casou-se muito jovem com Abrahão Rainstein, homem culto que gostava muito de ler. Do casamento, nasceu a filha Hugueta. Ela relata que no Brasil não se conheciam bonés, quase não se usava isso por aqui. O marido era boneteiro, preparou algumas amostras e saiu em busca de serviço. Ele conseguiu trabalho fora, pois o dinheiro que haviam trazido era pouco:

E essa gente ajudou dizendo: "Se você tem um ofício tão bom, por que você não trabalha por si mesmo?" Então ficou assim, mas aconteceu um desastre [...] Quando chegamos, trouxemos a bagagem, os quatro caixões e o caixotinho com a minha máquina. Não tinha onde guardar, não estava coberto [...] Então os caixões ficaram fora sem cobertura. E, como eu estou dizendo, estragou tudo.

A filha do casal Rainstein, Hugueta Sendacz, lembra que seu pai contava terem sobrado apenas os cabeçotes das máquinas:

Logo a seguir, fomos procurar uma casa para morar e levar todas as coisas [...] Uma conhecida e um irmão que estava aqui há muito tempo, sabiam de uma senhora que queria alugar uma casa, mas não sabia falar bem o português [...] Era uma senhora italiana, ela mostrou o quarto que era muito bonito, grandão e ao lado tinha uma cozinha, assim fechadinha, onde se podia fazer alguma coisa lá. Mas nos disse que preferia sem criança. Ela queria só um casal. Bem, aí precisávamos instalar as máquinas. Não contei nada. Primeiro uma casa onde por a cabeça e depois a gente começa a pensar como fazer o trabalho fora [...]

Bem, mudamos. A Hugueta era deste tamanho assim, era pequenininha, e um dia foi brincar. Como estou dizendo, a dona era uma senhora tão boa, e a Hugueta a chamou de *bubischi* e ela adorou a mim e a menina. Depois do que ela falou de que não queria criança, ficou feliz da vida. Todos ficamos felizes. A gente se instalou e Abrahão começou a procurar trabalho. Muito dinheiro não tínhamos. Ele arrumou logo um trabalho. O homem sabia que ele era um boneteiro e, de fato, gostava muito do serviço que era muito bem feito. Logo, aquele senhor o aconselhou a fazer uma oficina própria: "Fica melhor. Você vai ganhar bem, você tem família".

Ele viu logo que Abrahão era um bom profissional. Permaneceu pouco tempo como empregado e logo precisávamos mudar de lá, porque não tinha condições de montar uma oficina. Então, fomos para a José Paulino, onde instalamos a fábrica e a casa. Com porta aberta já era outra coisa. Logo ficamos sócios do Iugent Club (Clube da Juventude) que ficava na Amazonas, agora há um prédio grande naquele lugar. Embaixo tinha uma garagem, em cima era um salão. Lá se fazia esporte, ginástica, já tinha o grupo teatral, não era tão bom assim, mas melhorou cada vez mais. Peças pequenas, assim foi indo [...] A gente aprendia a língua, ia à biblioteca para ler, além de trabalhar.

Felizmente estava tudo bem, mas meu marido ainda pensava em voltar para a Polônia e eu não tinha vontade de fazer isso. Já que saímos nós vamos nos acostumar. Eu o ajudei a trabalhar, ajudei muito. A minha filha cresceu, eu lhe dei a melhor educação. Tinha uma escola que se chamava Stafford[2], eu não queria que ela fosse para o grupo escolar. Quando ela tinha uns seis ou sete anos, arrumei uma professora de piano, queria que ela soubesse música. Isso me deu muita satisfação. A professora era dona Ilina e, interessante, até hoje a professora é como se fosse da família. A dona Ilina é pianista e arranjadora do coral do Icib.

A Hugueta também estudava balé no Municipal. Havia umas óperas que precisavam de um conjunto de danças e ela tomava parte. Mais tarde, ela deixou o conjunto de danças para se dedicar mais ao piano.

A casa do casal Rainstein recebia muitas visitas de pessoas recém-chegadas ao Brasil. Entre eles, conterrâneos amigos da juventude. Eles viviam bem, frequentavam a biblioteca, iam ao teatro e, durante o dia, trabalhavam muito.

A história dos Rainstein assemelha-se à da maioria dos imigrantes que frequentava o Iugent Club. Eles faziam parte de um grupo de judeus intelectualizados e muito politizados. Gostavam de um meio social que lhes proporcionasse uma rica vivência cultural. Durante o dia, todos trabalhavam e, à noite, se reuniam para trocar ideias, ouvir palestras, ensaiar no coral ou no Dram Kraiz (grupo de teatro). O objetivo desse grupo era a preservação da cultura adquirida nas cidades de origem.

No início, participavam de dez a doze pessoas no grupo de teatro. O *régisseur* era local e se chamava Rubin Hochberg. No repertório do grupo, as peças de um ato só eram constantes e

---

2   Referência ao Colégio Stafford, que ficava na Alameda Cleveland, onde hoje funciona o Museu da Energia.

se intercalavam com peças de maior porte. Os atores, apesar de serem todos amadores, levavam os ensaios, que eram realizados sempre à noite, muito a sério.

Outro objetivo maior veio somar-se às intenções do Dram Kraiz, no período da Segunda Guerra Mundial: foi o esforço de guerra, coordenado mundialmente por Clementine Churchill, esposa de Winston Churchill. Toda a renda arrecadada nas apresentações era enviada para a Europa. O elenco era amador e nada recebia pelo trabalho. Todos se empenharam em realizar um trabalho de alta qualidade, e para isso ensaiavam todas as noites até altas horas:

> Enfim, à noite a gente se juntava e fazia os ensaios para as peças terem sucesso, não era uma pecinha pequena que a gente falava algumas palavras, eram peças de grande valor, senão não entrava o suficiente para mandar para a Europa, pois participávamos de um esforço de guerra para ajudar. Isso, mais ou menos, eu posso contar. Esses fizeram e fizeram com muito amor. Porque quem não faz com amor, se faz assim forçado, nunca pode ter sucesso. Sempre quando a gente gosta de uma coisa e sabe o que significa, então a gente faz bem. E quando faz bem sempre tem sucesso. E nós tínhamos o teatro cheio de espectadores. E todos tinham grande satisfação com o que estávamos fazendo. Nós éramos amadores, mas éramos artistas!

Póla Rainstein (52 peças encenadas)

ANO	PEÇA
1939	*Scholem Shwartzbard*
1940	*Dervachung* (O Despertar)
1942	*Di Guile Late* (A Marca da Desonra)
1943	*No Vale dos Padecimentos*
1944	*Uriel Acosta*
1945	*Der Tog Is Gekumen* (Surgiu o Dia)
1946	*Tate Un Zin* (Pai e Filho)
1947	*Dos Gevein Fun Kind* (O Choro da Criança)
	Uriel Acosta
1948	*Goldfaden Chulem* (O Sonho de Goldfaden)
	Dos Groisse Gevins (A Sorte Grande)
1949	*Madame Jaclin*
	Der Dorfs Iung (O Rapaz da Aldeia)
	Der Zelber Goirel (A Mesma Sorte)
1950	*Tife Vortzlen* (Raízes Profundas)
	Es Brent (Está Pegando Fogo)
	Di Rumeinishe Chassene (Casamento Romeno)
1951	*Er Lebt* (Ele Vive)
	Mentshn (Gente)
	Shwester (Irmãs)
	Der Zinguer Fun Zain Troier (O Cantor da Sua Mágoa)

	Mentshn (Gente)
1952	*Kibud Hakeiver* (Honra ao Túmulo)
	A Família Zinenbruch
1955	*Mentshn* (Gente)
	Goldfaden Chulem (O Sonho de Goldfaden)
	Scholem Bais (Paz no Lar)
1959	*Mentsshn* (Gente)
	Shver Tzu Zain A Id (Aposta Trágica)
	Lag Baomer
	Goldfaden Chulem (O Sonho de Goldfaden)
	Shver Tzu Zain A Id (Aposta Trágica)
	Goldfaden Chulem (O Sonho de Goldfaden)
1960	*Hershele Ostropolier*
	In Keler Shtub (Na Prisão)
	Shver Tzu Zain A Id (Aposta Trágica)
	Hershele Ostropolier
	Goldfaden Chulem (O Sonho de Godfaden)
1961	*Mentshn* (Gente)
1962	*Sender Blank* (A Família Blank)
	Er Lebt (Ele Vive)
1963	*Tife Vortzlen* (Raízes Profundas)
	Sender Blank (A Família Blank)
1964	*Mentshn* (Gente)
1965	*Scholem Bais* (Paz no Lar)
	A Certidão de Casamento (Ketuba)
1966	*Sender Blank* (A Família Blank)
	A Certidão de Casamento (Ketuba)
	Sender Blank (A Família Blank)

A DIVULGAÇÃO E OS ESPECTADORES

Os grupos de teatro visitavam as estações de rádio e as redações dos jornais da comunidade para noticiar a estreia de uma nova peça. Os grupos locais dificilmente tinham muita verba para gastar em propaganda. Quando possuíam algum dinheiro, era possível colocar um anúncio, muitas vezes contentavam-se com a menção da visita num espaço reservado para este fim e qual era a peça daquela temporada.

Os jornais em ídiche, onde encontramos referências ao teatro ídiche, são: *Der Naier Moment* (O Novo Momento), *Undzer Shtime* (Nossa Voz), *A Gazeta Israelita*, *Aonde Vamos* (revista) e uma ou outra peça na *Crônica Israelita*.

A maioria da coletividade assinava *O Estado de S.Paulo*, razão pela qual era o jornal procurado para divulgar as montagens do teatro ídiche de maior envergadura. Isso acontecia quando um ator-diretor ou um casal de atores vinha do exterior e em conjunto com atores existentes no eixo Rio-São Paulo formava o seu elenco. O idioma era comum a todos: ídiche; salvo alguma implicância com a diferença de sotaques, que variava de acordo com a procedência de cada um.

A atriz de teatro amador Póla Rainstein, que também participou de elencos com atores consagrados no exterior, revela no seu depoimento que a mídia de divulgação mais importante era o "boca a boca", mais conhecido em ídiche pela expressão gaiata *iachne press* (a tradução literal seria "o jornal das fofoqueiras").

A comunidade inteira se concentrava no Bom Retiro, um ou outro com melhor condição financeira e que morasse em outro bairro seguramente tinha um parente que o avisaria. A pertinência do bairro e o contato entre os grupos familiares muito sólidos viabilizavam o *iachne press*.

A atividade principal desses imigrantes era o comércio. Os imigrantes mais antigos possuíam uma lojinha no bairro e os novos se defendiam como vendedores ambulantes, os famosos *clienteltchiks*, que, além de oferecer a sua mercadoria, serviam como agentes de divulgação. As padarias, o açougue, a casa do magarefe, o bar do Gevertz, a livraria do Weltmann eram locais de boa circulação onde os cartazes eram afixados, sendo que os dois últimos mencionados vendiam também os ingressos antecipadamente.

Os folhetos distribuídos de mão em mão eram utilizados em conjunto com o *iachne press*. Muitos desses folhetos do arquivo pessoal de Póla Rainstein nem possuem data ou local da apresentação. Ao expressar o meu espanto pela ausência dessas informações tão básicas, ela retrucou: "Weisser wus alle oben gevust" (deixe para lá, todos sabiam).

Outro ponto de divulgação era as portas das escolas Talmud Torá, Renascença e Scholem Aleikhem, em duas "edições": a primeira quando os pais traziam os filhos para a escola e a segunda "edição", a do reforço da mensagem, quando iam buscar as crianças. Maior eficiência impossível.

As pessoas eram aficionadas por teatro. Os elencos, como não tinham dinheiro para pagar direitos autorais, mudavam o nome da peça anunciada e não publicavam o nome do seu autor. Isso tanto acontecia nos anúncios como nos cartazes. No rodapé dos cartazes e anúncios era informado se o espetáculo seria completado com baile ou não. As peças apresentadas, por exemplo, no Luso-Brasileiro, na rua da Graça, costumavam sempre ter o baile com música ao vivo até altas horas.

Boris Cipis, filho de Mile e Rosa Cipis, relata qual era sua maior alegria. Ainda criança ficava feliz quando as pessoas faziam fila para comprar ingresso para a semana seguinte, pois o sistema de oferecer ingresso de porta em porta acabava por se constituir em uma boa forma de divulgação, e o bilhete na mão do espectador, em um excelente lembrete, mas dinheiro que era bom, só em forma de promessas nunca cumpridas.

Clienteltschiks, klezmers, alfaiates, balconistas do pequeno comércio, sapateiros, barbeiros, pessoas sem profissão definida, eis a faceta dos novos imigrantes que ainda não tinham conquistado a América. Moravam em cortiços e, amparados por algum familiar de situação um pouco melhor, perseguiam aquele "tequinho de sorte" (*bissele mazel un glick*) e felicidade, que lhes permitisse uma melhora na vida econômica e ampliasse o conforto de moradia e o bem-estar de toda a família. Descrever esse contingente de imigrantes empenhados na ascensão econômica poderia soar como descrever indivíduos programados apenas para o trabalho e incapacitados para o prazer. Mas não era bem assim. Além da sinagoga, das festas religiosas realizadas no âmbito familiar e da conversa jogada fora no *pletzele* (praça), não havia maiores opções para o lazer. As bibliotecas também eram escassas.

O imigrante, no seu escasso tempo de lazer, apesar das limitações impostas por sua condição de recém-chegado, sem saber a língua do país e sem dinheiro, quer encontrar algo que o divirta e lhe assegure o ânimo para enfrentar as diversidades desta vida incerta. Ele tem a chance de escolher entre alternativas limitadas, mas o importante é que ele procura optar por algo agradável.

Ele percorre o bairro, e alguém lhe oferece um ingresso para o teatro, que após a apresentação será seguido de um baile. O bilhete de entrada é pago com uma promessa nunca cumprida: "Depois..." Vontade de ir ele tem, dinheiro não. Nas poucas horas de descanso, ele quer "curtir" o pouco que a vida oferece: ver cores, cantar, dançar e encontrar pessoas que sabem falar ídiche e espairecer um pouco. Óperas e concertos de música erudita não faziam parte de sua escolha, pois ele preferia aquele teatro improvisado onde poderia rir com as comédias ou chorar com os melodramas estereotipados.

E, ainda que sejam poucas as horas de descanso, o imigrante busca o entretenimento. O rádio e os jornais trazem os acontecimentos mundiais para dentro do seu bairro num turbilhão de novas ideias, e ele sente a necessidade de compartilhar e ampliar os estreitos horizontes da sua vida rotineira. O terno era de uma grife comum a todos, marca "já vi dias melhores", de segunda, terceira ou enésima mão, legítima. A gravata era de uso obrigatório, praxe de outros tempos, pois à época não se podia entrar nem em um cinema sem gravata.

Aliás, gravatas eram a especialidade de muitos desses imigrantes. Existia na época uma loja chamada Ao Preço Fixo, e esses vendedores de gravata se autodenominavam "ao braço fixo", uma vez que penduravam umas vinte ou mais gravatas para oferecer para a freguesia. Havia os negociantes que revendiam móveis velhos, antiguidades, fogões e roupa velha. Essa roupa era levada para os brechós da rua General Couto de Magalhães, onde a consertavam, cerziam, pregavam botões, alargavam, estreitavam, e eis que ela estava pronta para ser oferecida aos recém-chegados da Estação da Luz. Joalheiros habilidosos percorriam os bairros do Ipiranga e da Vila Mariana comprando peças de ouro velhas que eram transformadas em novas peças para serem vendidas.

Todo fim de semana a família se ajeitava da melhor forma possível e ia ao teatro. Como eles não tinham com quem deixar as crianças, levavam os bebês junto, e as mães os amamentavam durante o espetáculo. Após a apresentação, acontecia o baile animado por música ao vivo. As mães não se apertavam, improvisavam um berço com duas cadeiras e dançavam animadamente o jazz, o foxtrote e as valsas.

A maioria era assídua e não faltava sequer um fim de semana. Boris Cipis relata que seus pais tinham que renovar constantemente o repertório, porque o público era o mesmo. Ele, na época, tinha uns nove anos e ficava preocupado com o número de crianças que os pais traziam para o teatro, pois havia uma lei que não permitia menores de idade num teatro. Mas felizmente nunca aparecia a fiscalização, e se acontecesse de ela aparecer, o problema era resolvido com um cafezinho.

RETRATOS DE ATORES DO TEATRO ÍDICHE EM SÃO PAULO   161

Assim, esse pessoal que levava uma vida dura fazia prevalecer o seu gosto pela cultura e pelo lazer. Essas atividades culturais do bairro do Bom Retiro, onde, como dissemos, quase todos ainda moravam, eram uma experiência urbana fundamental: a manutenção da sua identidade se amoldando às circunstâncias das suas experiências de vida.

O teatro ídiche sempre se alimentou dessa mescla e é um exemplo vivo das construções culturais feitas de preservação e transformação. As formas que essas transformações adquiriram é um assunto deveras extenso, que já merece ser abordado em outra pesquisa. Mas o que visualizamos de uma perspectiva construída década a década é um retrato da vida urbana delineado por essas "personagens". Palco e plateia, nunca essa empatia foi tão envolvente, nunca as partes se amalgamaram tão bem, como personagens coesas e definitivamente inseridas num contexto comum.

Esses peregrinos, esperançosos por uma vida melhor, trilhavam um processo cultural de incontáveis improvisos, mas acabaram por criar uma identidade própria que coexistia com aquela do lugar com o qual ainda não se tinham identificado completamente.

Mas o Bom Retiro os acolheu com generosidade. Eram os tempos em que o rio Tietê, quando alagava, levava as suas águas até a rua da Graça. A iluminação era feita com lampião a gás. A Brahma entregava cerveja em carroças puxadas por magníficos cavalos belgas. O leite Vigor era acondicionado em tanques com uma torneirinha. As pessoas traziam panelas, bules, canecas para comprar o leite. Quando o condutor virava as costas, a molecada abria a torneirinha e o leite ia se derramando pelas ruas afora, desenhando uma trajetória sinuosa.

Tempo sem poluição, o que permitia que as pessoas enxergassem o céu todo estrelado. Estrelas hibernantes, embaçadas pelo tempo, tais como nesta tradução livre do poema de William Meyers:

> Estes ossos precisam entrar em cena:
> Dispersos tais como os vestígios das estrelas cadentes,
> eles se lançam na noite entre companhias
> e ensaiam novamente em ídiche,

o idioma que os ossos conhecem melhor.

Estes ossos precisam atuar, pois a vida é dramática,
e eles estão mais próximos da vida quando atuam
diante das luzes da ribalta,
pilhas de ossos rebeldes ressuscitarão,
assistindo a si próprios retratados.

Ergue-se a cortina e Schulamit aguarda
Schmendrik ainda consegue que riam ao cair
qual trama pode insultar sensibilidades,
para quem a vida é uma inversão cômica?

Eles representam Aman com um bigode de uma escova de dentes;
a audiência de ossos rompe num estrondoso aplauso,
depois carregam os atores num cortejo de estrelas
carregando-os sobre seus ombros de forma triunfante.

Esse poema se encontra no livro da Nahma Sandrow, *Vagabond Starts*, e me emocionou fortemente. Após sua leitura, meu propósito foi de que essas estrelas não caíssem no esquecimento e se desvendasse a sua história. Este trabalho ainda demandaria correções, inserções, complementação e desdobramentos. Mas a minha intenção foi atingida, pois com a memória perpetua-se a lembrança, que é a vida eterna, dizer não aos ossos e dar boas-vindas à reprise das estrelas.

Síntese Quantitativa

Constam do anexo I as estatísticas das peças encenadas no período de 1913 a 1970 e do anexo II, as fichas da pesquisa informatizadas.

Após o cruzamento das informações colhidas, verificaram-se redundâncias, em virtude da publicação de peças em mais de uma fonte. Procedeu-se, então, à revisão dos registros, complementando-os e sintentizando-os em fichas não repetitivas, totalizando 670 fichas.

Cumpre ressalvar que as informações colhidas nas fontes consultadas não continham a totalidade dos campos previstos nas fichas, razão pela qual alguns dos campos apresentam-se sem preenchimento.

Pela ordem em que são apresentadas as estatísticas referentes às peças encenadas, chamam a atenção os seguintes índices:

- levando em conta o período global da abrangência da pesquisa, *O Estado de S.Paulo* constituiu o principal veículo de divulgação das peças (136 anúncios). A partir das suas circulações, *Undzer Shtime* (Nossa Voz) e *Der Naier Moment* (O Novo Momento) passaram a veicular frequentemente as notícias e os comentários referentes às peças;

- as 670 fichas registram 449 peças distintas, com 61 delas encenadas em mais de uma temporada teatral. Entre elas, destacam-se *Sender Blank* (A Família Blank), de Scholem Aleikhem, com sete apresentações em temporadas distintas; *Mentshn* ou *Amcho* (Gente), também de Scholem Aleikhem, com seis apresentações; *Di Rumeinishe Chassene* (Casamento Romeno), de J.M. Rumshinsky, com cinco apresentações; *O Menino de Ouro*, de Clifford Oddets, com cinco apresentações; *Kopel Kive Vert A Tate* (Kopel Kive Torna-se Pai), de Sigal, com cinco apresentações; e *Goldfaden Chulem* (O Sonho de Goldfaden), de Abraham Goldfaden, também com cinco apresentações;
- as comédias e operetas encabeçam o gênero das peças encenadas, respectivamente com 108 e 77 peças, seguindo-se o gênero dramático, com 87 peças;
- entre os locais de encenação, destacam-se os teatros Municipal, Cultura Artística, Cassino Antártica, Santanna, Taib – Teatro de Arte Israelita Brasileiro, respectivamente, com 128, 125, 50, 36, e 35 temporadas;
- as principais companhias profissionais foram encabeçadas por Max Perelman e Guita Galina, Henry Guero e Rosita Londner, Ben-Zion Witler e Shifrele Lerer, Dina Halpern, Peisechke Bursztein e Lilian Luks com 23, 22, 20, 12, e 11 apresentações;
- entre os grupos amadores, destacam-se os do Centro Cultura e Progresso e do seu sucessor, o Instituto Cultural Israelita Brasileiro
- Itzchak Lubeltschik foi o principal empresário, constando o registro de 149 peças; além das 25 promovidas em associação a Michal Michalovitch e 23 com Willy Goldstein;
- os diretores que mais atuaram foram Jacob Kurlender, com 31 encenações; Itzchak Lubeltschik, com 30; Willy Goldstein, 13; Jacob Rotbaum, 12; Morris Schwartz, 12; e Rubin Hochberg com 10;
- os principais regentes musicais foram os maestros Francisco Gorga, com 30 espetáculos; Siome Tenowsky, 29; Vivas, 18; Carlos Ostronoff, 17; e Italo Izzo com 15;

♦ Jaime Galperin foi o principal cenógrafo e iluminador, assim como Idel Laks foi o principal ponto do teatro ídiche em São Paulo;

♦ Rosa Laks Cipkus e Bela Ais foram as atrizes que mais se apresentaram na cena paulista, seguidas de Victor Goldberg. Pelo número expressivo de suas apresentações, citam-se Isucher Handfuss, Ester Perelman, Aron Aleksandroff, Rubin Hochberg, Berta Ajs (Berta Loran), Sem Shmilovitch, Herman Schertzer, Jaime Galperin, Póla Rainstein, Clara Goldstein, Sasha Rosenthal, Simon Buchalsky, Mische Berenstein, Pinie Goldstein, Max Perelman, Idel Laks, Jacob Kurlender, Mile Cipkus, Cili Teks, Bernardo Sauer, Sofia Rafalovich, Guita Galina, Michal Michalovitch, Jacob Weltman, Natan Klinger e Shifrele Lerer.

Anexo 1: Estatísticas

LISTA DE ATORES

ATORES	NÚMERO DE PEÇAS
BELA AIS	99
ROSA CIPKUS	86
VICTOR GOLDBERG	84
ISUCHER HANDFUSS	75
ARON ALEKSANDROFF	72
ESTER PERELMAN	72
RUBIN HOCHBERG	67
BERTHA AIS	65
SEM SHMILOVITCH	63
HERMAN SCHERTZER	55
JAIME GALPERIN	51
CLARA GOLDSTEIN	47
SASHA ROSENTHAL	47
SIMON BUCHALSKY	47
MISCHE BERENSTEIN	40
CILI TEKS	37
IDEL LAKS	37
MAX PERELMAN	37
BERNARDO SAUER	35
JACOB KURLENDER	35
PINIE GOLDSTEIN	35
GUITA GALINA	33
MICHAL MICHALOVITCH	33
SOFIA RAFALOVICH	31
ROSA LAKS	30
ANNA RAPEL	29
NATAN KLINGER	29
SHIFRELE LERER	29
HERMAN KLACKIN	28
MILE CIPKUS	28
JENNY LOVITZ	27
ABRAM SZTRAITMAN	25
HENRY GUERO	25
ROSITA LONDNER	25
BEN-ZION WITLER	24
ISRAEL FELDBOIM	24
KATIA PLAVINA	24
MAX KLOSS	24
WILLY GOLDSTEIN	24
MORRIS SCHWARTZ	23
OUTROS ATORES	23
REGINA LUBELTSCHIK	23
SALOMON STRAMER	23
BETI MARKOVA	22
MARGOT STEINBERG	22
SALI BERENSTEIN	22
SAMUEL GLASS	22
BETI KERTZMAN	21
MOYSES GUTOVITCH	20
JACOB WELTMAN	19
PAULINA TAICHMA	19
JOSE MAURER	18
JOSÉ WEINSTEIN	18
CHEWEL BUZGAN	17

168 ENSAIOS DE UM PERCURSO: O TEATRO ÍDICHE EM SÃO PAULO

MOISHE AGATER 17
PEISECHKE BURSZTEIN 17
PÓLA RAINSTEIN 17
CLARA STRAMER 16
LILIAN LUKS 16
MENDEL STEINHAUS 16
ANITA LANG 15
DVOIRE ROSENBLUM 15
NUCHEM MELNIK. 15
SUZANA SAND 15
BELA ARIEL 14
LEIB AIZENBERG 14
LEON NAREPKIN 14
DINA HALPERN 13
ELZA RABINOVITCH 13
ISAK LACHMAN. 13
MINA AKSELRAD 13
A. GOLDGEWICHT. 12
CLARA KAFTAL 12
LOLA SZPILMAN 12
GUIZI HAJDEN 11
ITZCHAK FELD 11
SHLOIME PRIZAMENT 11
ULA LANDER 11
JACOB BEN-AMI 10
MENDEL KESTENBAUM. 10
RYWKE SCHILER 10
BINEM ORENSTEIN 9
GUINCHE KON 9
ITZCHAK LUBELTSCHIK 9
SAMUEL GOLDENBERG. 9
SIMON NUSBOIM 9
SONIA LEMBERG 9
BERTA GERSTEIN 8
DAVID KAPLAN 8
ELENCO DA COMPANHIA 8
SONIA LACHMAN 8
ANA FELDBOIM 7
JOSÉ SERBER 7
LISA MAXIMOVA 7
SAMUEL GUILDIN. 7
SAMUEL SILBERBERG. 7
WALDEMAR HEINZE 7
BORIS CIPKUS. 6
ENI LITAN. 6
FELIPE WAGNER 6
JACOB ROTBAUM 6
JAIME HIMELFARB 6
JENNY GOLDSTEIN 6
MAX ALTMAN. 6
MOSHE ZAMAR 6
SHIMON DZIGAN 6
ZYGMUND TURKOW 6
ANA BLUMENTAL. 5
ANA MAURI 5
ATORES LOCAIS. 5
BALBINA SIGULEM 5
ELENCO LOCAL 5
ERLICH 5

GALPERIN. 5
GOLDINA LASCHKEVITCH 5
GREGORIO ZUKELMAN. 5
I. SZUMACHER 5
IRVING DJEICOBSON 5
J. LASCHKEVITCH 5
JACOB GERSTEIN 5
JACOB SCHIK 5
LEON BREST. 5
MEI SCHEINFELD 5
SARA FRIDMAN 5
SOFIA LACHMAN 5
WILLY LEVIN 5
BELA HANDFUSS 4
BELA SHOR 4
CHANA FELDBOIM 4
CHARLOTTE GOLDSTEIN. 4
DAVID LEDERMAN 4
DORA AIZMAN 4
ELENCO DE ATORES 4
IDA KAMINSKA 4
JULIUSZ BERGER 4
KAROL LATOWICZ 4
LYBA MANDEL 4
MAIER KOHN 4
MICHAEL MICHALESKO 4
MICHAEL SZWJLICH 4
RACHEL KRASILCHIK LEVI 4
RUTH KAMINSKA 4
WERNER GRIESSMAN: BARITONO . . 4
A. LAIVIS 3
ADOLFO ZEICIS. 3
ADOLPHO FRAIMAN 3
AIZYK ROTMAN. 3
AMELIA KAPLANSKI 3
ANATOL ROSENFELD 3
AYALA ERLICH 3
BELA BELARINA 3
BEREK HITELMAN 3
BERTA KLAIN 3
BORIS OIERBACH 3
BRESTOWICKI. 3
ELENCO 3
ELENCO DO CHAVEIRIM TRUPE . . . 3
FIGURANTES 3
HERSCH FLEISHER 3
JACK RECHTZAIT 3
JAIME FOIGUELMAN 3
JOSÉ SCHEIN 3
JOSEF DOGIM 3
JOSEF EPSTEIN 3
JOSEF STERLING 3
LEIELE STERLING. 3
LEOPOLDO ERLICH. 3
LUCIA SINGER 3
LUDMILA SIROTA 3
MARIA FRIDMAN 3
MARIA QUADROS MALTA. 3
MARIAN MELMAN 3

ANEXO 1: ESTATÍSTICAS

MARIAN RUDENSKI 3
MOISÉS LEINER 3
MOISHE LIPMAN 3
MOTELE BURSZTEIN 3
PUTCHINSKI 3
RAFAEL GOLOMBEK 3
REINALDO BRANDT 3
RUTH KOWALSKA. 3
RYFKA SZYLER 3
RYWA BUZGAN 3
SOFIA SKRZESKA 3
SWRYN DALECKI 3
WELVEL HUBERMAN 3
WERNER STRASSBURGER. 3
ZIGUI 3
ABRAM GRINMAN 2
ABRAM KARPEL. 2
AIDA KAMENETZKY 2
ALBERTO MARTY 2
ARON UHN 2
B. BERGER. 2
B. COHN 2
BERTA HUBERMAN 2
BETY NISSENHOLTZ 2
CHARLES FIDELMAN 2
CIPE LINCOVSKY 2
DANI DELMON 2
DAVID BERMAN. 2
DINA VARANTZ. 2
DORIS MEYER 2
EDOARDO COHEN 2
EDUARDO WILNER 2
ELENCO DO TEATRO SOLEIL 2
ELENCO TEATRO ÍDICHE SP 2
ELIAS PIKEL. 2
ELINGER. 2
ELVIRA BOSHKOWSKA 2
ELZA RABINOVITZ 2
FRANCIS SCHWARTZ 2
FRANKLIN BRAUER. 2
GRANDE ELENCO 2
H. BLANK 2
HARRY NEUFELD 2
HEINZ WIDETZKY 2
HENRIQUE GALPERIN 2
ICCHOK LICHTENSZTEIN 2
ISAAC WASSERMAN. 2
J. BILERMAN 2
J. LAND 2
JORGE COLT. 2
JOSÉ GRIMINGER 2
JOSÉ MANDEL. 2
JOSÉ SUTZKEVER 2
JOSE MAURER 2
JOSEPH BULOFF. 2
JULIO JACOB 2
JULIO LERNER 2
JULIO ZLOTNIK 2
LÉLIA ABRAMO 2

LEIBELE SCHWARTZ 2
LEO FULD 2
LEON BLUMENTAL 2
LEON LIBGOLD 2
LILI LILIANA 2
LOLA KOPELMAN. 2
LUBA KOPELMAN. 2
MARIO HERZBERG 2
MAX NEUFELD 2
MIRIAM (CRIANÇA) 2
MIRIAM LERER 2
MORIS LERNER 2
NADIA ELY 2
NATALIA LIPMAN. 2
NATAN UREN 2
NATHAN BOMS 2
NELI GANI. 2
PAUL BARATOFF 2
PINCHAS APEL 2
ROLF HERZBERG 2
ROSA TURKOW 2
SALOMÃO ZILBERSTEIN 2
SAMMY TREZMIELINA 2
SAMUEL HEILMAN 2
SARA AIGEN 2
SERGIO AJZENBERG 2
SILVIO BORAKS 2
STELLA ORTWEILER 2
SUZI PIKEL 2
SYLVIO BAND 2
THEKLA EISNER 2
YORDANA FAIN 2
ZISSELE (SUZI) BURSZTEIN 2
ÁLVARO PLINIO. 1
12 ATORES DO TEATRO CORRIENTES 1
35 ATORES 1
A. CUKER 1
A. LAICES 1
A. LEIBOVITCH 1
ABRAHAM GOLDJENIAT 1
ABRAHAM LEIBOVITCH 1
ABRAHAM ELINGER 1
ABRAM ZILBERSTEIN. 1
ADÉLIA VICTORIA 1
ADOLF MIDE 1
ADOLFO ZEICES 1
AGOSTINHO DOS SANTOS 1
AINDA SLON (COREÓGRAFA) 1
ALCINA PAULA 1
ALEXANDRE DRESSLER. 1
ALUNOS DA 3ª SÉRIE 1
ALUNOS DA CIP. 1
AMERISA IZZO 1
ANA DOBROMIL 1
ANA DORA PARTHOS 1
ANA MIKOSKA 1
ANEMARIA WERNER 1
ANNAMARIA GUARNIERI. 1
ARNALDO FERRARI. 1

ARNALDO VEICER 1
ARNALDO WEISS 1
ARTISTAS BRASILEIROS 1
ARY TOLEDO 1
ATORES (HASHOMER HATZAIR). . . 1
AVRAHAM (DANÇAS). 1
B. SCHOR 1
BALBINA GODDGEROTIT. 1
BALLET HÚNGARO LE FOREST. . . . 1
BALLET TEATRO CULT. ARTÍSTICA . 1
BATIA OSTROVSKY (T. OHEL) 1
BERTA GUERSTEIN 1
BERTA ZEMEL. 1
BETY NISSENHOTLZ 1
BIRO ZEITEL 1
BORIS WEXLER 1
CARLOS HENRIQUE SILVA 1
CAROLA ELLER 1
CHAIM GOLDFARB 1
CHAIM PARDO (T. HAMATIETE) . . . 1
CHAIML ZEITMAN 1
CHANCIE BULKA 1
CHIL RAINSTEIN 1
CILI TEKS 1
CLARA FRIDMAN 1
CLARA MALTCHIK 1
CLARA REGINA ZUGMAN 1
CLAUDIA KUPPER 1
CLAUDIO LINO DE MATTOS 1
CORPO DE BAILE 1
CORPO DE BAILE – L. MANDEL . . . 1
D. BRUSILOWSKY 1
D. IGONSKA 1
DAVID LANDESMAN 1
DAVID LERER 1
DAVID SHOR 1
DIANA BLUMENFELD. 1
DINA LISBOA 1
DORA LUKSENBURG 1
DORA PETRESKY 1
DORA ZGOSKA 1
DR. GRINBERG 1
EDEN LAM. 1
EDNEI GIOVENAZZI 1
EIDENBOIM 1
ELENA CAMERINIO. 1
ELENCO DE 20 ATORES. 1
ELENCO DE 30 ATORES. 1
ELENCO DE 80 ATORES. 1
ELENCO DO GRUPO. 1
ELENCO DO LAR 1
ELENCO DO TEATRO MITRE 1
ELENCO TEATRO CULT. ARTÍSTICA . 1
ELENCO TEATRO CORRIENTES. . . . 1
ELENCO TEATRO EXCELSIOR 1
ELIAS SLON (VIOLINISTA) 1
ELOY DE ARAUJO 1
ELSA ALBANI 1
ERALDO RIZZO 1

ERNA ROTH 1
ERNESTO MORITZ 1
ERWIN HEPNER. 1
ESTER PERELMAN 1
ESTHER GROSS 1
ESTUDANTES 1
EUGEN TRANSKY 1
EVA ALTERMAN. 1
FABIO ROCHWERGER 1
FANI GUZIK 1
FELIPE CARONE. 1
FERRUCIO DE TERESA 1
FISCHMAN 1
FLICZ GLEZER 1
FORTUNA LEINER. 1
FRIEDRICH KOELLE 1
FRITZ NOSSIG. 1
GABRIELA HIRSCHBERG 1
GENI DINA 1
GERT MEYER 1
GOLDSTEIN 1
GRAÇA MELO 1
GRANDE OTELO. 1
GRUPO DE ATORES 1
GRUPO DO "DROR". 1
GRUPO TODO 1
GUARDAS 1
H. FRIEDHEDLER 1
H. HAIM 1
HARRY NEUFELD (PIANISTA) 1
HEINRICH ZWILLING. 1
HELENA VAISKOP. 1
HELLA MORITZ 1
HELMUT KAUFMANN. 1
HENRI EICHEL 1
HENRIQUE BILMAN. 1
HENRIQUE SCHUBSKY 1
HERBERT ISAY 1
HERI PAT 1
HERSH FLEISHER 1
HUGUETA SENDACZ 1
I. VILENSKY 1
ITZCHAK FELD 1
INES KRISTELLER 1
IONA SHKLAR: ORATOR. ISRAEL. . . 1
IRENA RUSKIN 1
IRENE BECK 1
ISAAC WASSERMAN. 1
ISAAC RUBINSTEIN 1
ISAC CUKIER 1
ISIDOR. 1
ISRAEL GROSS. 1
ISTVAN WESSEL. 1
ITALIA MARCHESINI 1
IVETE BENIACAR 1
IVONETTE VIEIRA 1
J. FRAIMAN 1
J.M. WARSZAWSKI. 1
J. SCHWARTZ 1

ANEXO 1: ESTATÍSTICAS

JACOB FRIDMAN 1	MAURICIO GIAN 1
JACOB MESTEL 1	MAURICIO ROSENBAUM 1
JAIME SNAIDER 1	MAURICIO TARANDACH 1
JANNY RAINSTEIN 1	MAURICIO WASSERMAN 1
JAYME SUSTER 1	MAURO (JOGRAIS) 1
JOAQUIM ROSNER 1	MAURO MENDONÇA 1
JONAS TURKOW. 1	MAX KERNOWSKI. 1
JORGE EPSTEIN 1	MENDEL GALPERIN. 1
JOSÉ CARLOS CARDOSO 1	MERI MARKO 1
JOSÉ MEGRICH 1	MERITA PAIM 1
JOSÉ RAPAPORT. 1	MICHEL MANDEL. 1
JOSÉ ROSENBERG 1	MILAN MARKUS 1
JOSÉ SCHOREMBERG 1	MIRELE GRUBER 1
JOSÉ SCHWARCBERG 1	MIRJAM NEUSS 1
JOSÉ SHUBSKY 1	MISHA LOIVITCH. 1
JOSÉ STERLING 1	MOISÉS RAVIT 1
JOSÉ WEIS. 1	MOISES GURFINKEL 1
JOSEK ROSINEK 1	MOISES WELTMAN 1
JOSEPH SZENKLEWSKI 1	MOISHE ZAMAR 1
JUAN CARLOS ORTIZ (CANTOR) . . . 1	MORAWSKI 1
JULIANE FROELICH. 1	MOSHE HALEVI. 1
JULIO CASOY 1	MYRIAM (ASSOBIO) 1
KAETHE HEILBERG. 1	N. ROITBURD 1
KAROLA HELLER 1	N.N. 1
KURT LOEB 1	NADINE STAMBOULI 1
LAILA CURY. 1	NATAN BOMS 1
LEA DEGANIT 1	NECHA SZTEIN 1
LEA FETBROT 1	NELSON XAVIER 1
LEIB PARNES 1	NINO MARCHESINI 1
LEO FUKS 1	NOEMIO LERNER 1
LEON BLIMENZON 1	NORAH DALVA 1
LEON ELINGER 1	OLYMPIO PEREIRA DE SOUZA 1
LEONID SOKOLOF. 1	OSCAR PILNIK 1
LIA STERLING. 1	PAULETTE SENKO. 1
LILI FROELICH 1	PAULO BARUCH. 1
LILLI BERG 1	PAULO JOSÉ 1
LIMA DUARTE. 1	PAULO NEUMAN 1
LUCIEN CALMANOVITZ 1	PELC. 1
LUDWIG SCHAEFER. 1	PERCY BERGER 1
LUIS LUSTIG. 1	PROF. MAX MODERN 1
LUIZ EJCHEL 1	R. ROSEN 1
LUIZ FARBRAZ 1	R. WELTMAN 1
LUIZ SEGAL 1	RACHELINE SORIANO 1
LYA KENIG 1	RAHEL KRON 1
M.A. LEVOVITCH 1	RAQUEL KAPULNO 1
M. KAPLANSKI 1	RENATE LEENEMANN 1
M. LEONOF 1	RIVA BERMAN. 1
M.A. LEVOVITCH 1	RIVA PSOIBUMAGA 1
MAGDALENA SUESSMANN 1	RIVKELE NIMITZ 1
MAIER CELNIKER. 1	RODOLFO FRISCH 1
MAKS 1	ROMEO FERES. 1
MANFREDO SCHAALMAN 1	ROMOLO VALLI 1
MARCIA MARIA KRAIVITZ. 1	ROSA PAKULA. 1
MARCOS GAWENDO 1	ROSA PALATNIC 1
MARCOS PLONKA. 1	RUDI FRISCH 1
MARCOS ROSENBAUM 1	RUKINA 1
MARIA ROSENBERG. 1	S. NISSENHOLTZ + 45 ATORES. . . . 1
MARK MORAWSKI 1	SERGIO CARDOSO 1
MAURICIO EDELSTEIN 1	SADCHAN SOLOVEITCHIK 1

172 ENSAIOS DE UM PERCURSO: O TEATRO ÍDICHE EM SÃO PAULO

SALO WOLF	1	TEMA GUINZEL	1
SALVADOR GEISA	1	TEREZINHA SIROTA	1
SAMUEL EJCHEL	1	THEA STRASSBURGER	1
SARA BERENSTEIN	1	TODO ELENCO	1
SARITA CIPKUS	1	TOVA PARDO (TEATRO HABIMA)	1
SARITA GOLDMAN	1	TULA WIGOTOW	1
SASHA GOLDSTEIN	1	URI ZIFRONI (TENOR/ISRAEL)	1
SAUL VAINZOF	1	V. SZTEINHAUZ	1
SCHISEILER	1	VERA BLAU	1
SELMA ERLICH	1	VERA SMIT	1
SEM GOLDBERG	1	VILMA SEMANS	1
SILVINO NETO	1	VIVIAN GASPARY	1
SILVIO HEILBUT	1	VIVIANA SCHNEIDERMAN	1
SIMÃO KUZNIEC	1	WALDEMAR MARKIEWICZ	1
SONIA EPSTEIN	1	WALTER REHFELD	1
SONIA TURNER (AMADORA)	1	WILLY SELLIGER	1
SRA. GOLDGERICHT	1	WOLFGANG S. SIEBNER	1
STELI SOLKA	1	XWYS TOLPER	1
STRASBURGER	1	YUDL WAICHENBERG	1
SZ GLEZERMAN	1	Z. VAINSZTEIN	1

PEÇAS

NOME . . . . .QTDE.

KOPEL KIVE VERT A TATE (KOPEL KIVE VAI SE TORNAR PAI) 5
DOS GROISSE GEVINS (A SORTE GRANDE) 4
URIEL ACOSTA 3
DI RUMEINISHE CHASSENE (CASAMENTO ROMENO) 3
O MENINO DE OURO 3
O MÁGICO DE OZ 3
KIDUSH HASHEM (EM NOME DE DEUS) 3
CHASSIE DI IESSOIME (CHASSIE, A ÓRFÃ) 3
A CHASSENE IN SHTETL (UM CASAMENTO NA CIDADEZINHA) 3
UM DIA BEM APROVEITADO 2
TZIPKE FAIER (TZIPKE, A FOGOSA) 2
SHULAMIT 2
PINIE FUN PINTCHEV (PINIE DE PINTCHEV) 2
O DIBUK 2
MIRELE EFROS 2
MAIN SHTEITELE BELZ (MINHA CIDADEZINHA BELZ) 2
JUDISCHER VOLKSHUMOR 2
JOSHE KALB 2
HISTÓRIAS PARA SEREM CONTADAS 2
HERSHELE OSTROPOLIER 2
EMIGRANTEN (OS EMIGRANTES) 2
DOS GALITZIANER VAIBEL (A MULHERZINHA DA GALÍCIA) 2
DOS GALITZIANER REBELE (O REBE DA GALÍCIA) 2
DI VELT SHOKELT ZICH (A TERRA TREME) 2
DI SHCHITE (A MATANÇA) 2
DI MUTER (A MÃE) 2
DI GROISSE IERISHE (A GRANDE HERANÇA) 2
DER FUTER (O PAI) 2
DER FREMDER (O ESTRANGEIRO) 2
DER FREILECHER SHICHPUTZER (O ALEGRE ENGRAXATE) 2
DER DORFS IUNG (O RAPAZ DA ALDEIA) 2
DER DIBUK (O DIBUK) 2

ANEXO 1: ESTATÍSTICAS

CHARUTE (O PENITENTE) 2
BERKE DURAK 2
BEIDE KUNIE LEMELS (OS DOIS KUNIE LEMELS) 2
AZOI IZ DOS LEIBN (ASSIM É A VIDA) 2
AMERICANER GLIKN (ALEGRIAS AMERICANAS) 2
A KAMF FAR A HEIM (A LUTA POR UM LAR) 2
A FAMÍLIA BLANK 2
ZING ISRUEL ZING (CANTE ISRAEL CANTE) 1
ZINDEKE MAMES 1
ZIG E CHAVITA (UM PEDIDO DE CASAMENTO) 1
ZIE ZECHE/DER SELBSTMOERDER/JUSTIZ 1
ZARA VALENTE 1
ZAIT GEZUNT (ADEUS) 1
ZAIN TSVEITE CHASSENE 1
ZAIN LETZ GEZANG (SUA ÚLTIMA CANÇÃO) 1
YOKLS CHASSENE 1
VUS KINDER KENEN (O QUE OS FILHOS PODEM) 1
VUNTSHT MIR MAZEL TOV (DESEJE-ME SORTE) 1
VUHIN ZOL ICH GUEIN (PARA ONDE IREI?) 1
VOS IEDES MEIDEL DARF VISSEN (O QUE CADA MOÇA DEVE SABER) 1
VINTSH MIR MAZEL TOV (DESEJE-ME FELICIDADE) 1
VIAZOI DI VALD IESCHIVE IS BUTEL GEVORN 1
VI MENER LIBEN (COMO OS HOMENS AMAM) 1
VEN LIBE RUFT (QUANDO O AMOR CHAMA) 1
VEN KABTSONIM VERN RAICH 1
VEN HERTZER ZINGUEN 1
VEN A MAME FRAQUEST (QUANDO A MÃE ESQUECE) 1
VEM COMIGO CASAR 1
VELVEL DI BALEBUSTE (VELVEL, A PATROA) 1
VARSHE BAI NACHT (VARSÓVIA À NOITE) 1
VAIBER 1
URCA, O VALENTE 1
UMA PRINCESA EM NOVA YORK 1
UM VEREDITO PARA N.N. 1
UM MILAGRE PARA KHANUCÁ 1
UM JUDEU 1
TZURIK TZU ISRUEL 1
TZURIK AHEIM (LUA DE MEL) 1
TZULIB NOIT (DIFÍCIL SER JUDEU) 1
TZU SHPEIT (É MUITO TARDE) 1
TSIBROCHENE HERTZER (CORAÇÕES PARTIDOS) 1
TOG UM NACHT 1
TIO MOISÉS 1
TIFE VORTZLEN (RAÍZES PROFUNDAS) 1
TEVIE, DER MILCHIKER (TEVIE, O LEITEIRO) 1
TEL AVIV LACHT (TEL AVIV RI) 1
TCHIM-BUM 1
TCHIAT HAMEISSIM/KATIUSHA MASLOVA 1
TATE UN ZIN (PAI E FILHO) 1
SONHO (FRAGMENTOS) 1
SIMCHOT BAI IDEN (REGOZIJOS ENTRE JUDEUS) 1
SIMBITA E O DRAGÃO 1
SHULAMIS; DEPOIS DO CASAMENTO; DOIS VAGABUNDOS 1
SHOLEM BAIS (PAZ NO LAR) 1
SHMYIE FUN CHNIFISHAK 1
SHLOMKE SHARLATAN (SHLOMKE, O CHARLATÃO) 1
SHLOIME ZOLMENS CHASSENE (O CASAMENTO DE SHLOIME ZOLMEN) 1
SHIR HASHIRIM (CÂNTICO DOS CÂNTICOS) 1
SHIMSHON UN DALILA (SANSÃO E DALILA) 1
SHEILOK UN ZAIN TOCHTER 1

174   ENSAIOS DE UM PERCURSO: O TEATRO ÍDICHE EM SÃO PAULO

SHABES IN MAIN HEIM (SÁBADO NO MEU LAR) 1
SEU PAI ISRAEL 1
SERKELE 1
SENDER BLANK 1
SE O REI CHEGAR 1
SE DEUS QUER, ATÉ A VASSOURA ATIRA 1
SANTA MARTA FABRIL S.A. 1
RESSURREIÇÃO 1
RÉQUIEM PARA A NOITE DE SEXTA-FEIRA 1
RECITAL FALADO 1
RECITAL ESTER PERELMAN & JACOB KURLENDER 1
RAÍZES PROFUNDAS 1
POVO 1
PORTUGUESES E JUDEUS NO DESCOBRIMENTO DO BRASIL 1
PLUFT, O FANTASMINHA 1
PEGA FOGO 1
PEG NO MEU CORAÇÃO 1
PALHAÇO CEGO 1
OS MACABEUS 1
OS IRMÃOS ASHKENAZI 1
OS FUZIS DA SENHORA CARRAR 1
OS DA MESA 10 1
OPGENARTE MENER (HOMENS ENGANADOS) 1
ONDE ESTÁ A GENTILEZA? 1
OIF DER SHVEL FUN GLIK 1
OI AMERICA 1
O VAGABUNDO; A BRUXA; CASA DE MÚSICA 1
O TRABALHADOR; O HÓSPEDE DO OUTRO MUNDO 1
O TIO DOS ESTADOS UNIDOS/A PARTIDA DE XADREZ 1
O SEU GRANDE AMOR 1
O POETA FICOU CEGO 1
O PÁSSARO 1
O MARAN DE ROTENBERG 1
O JUDEU ZISS 1
O IDIOTA 1
O GRANDE AMOR 1
O GATO DE BOTA NOVA 1
O DOENTE IMAGINÁRIO 1
O DIÁRIO DE ANNE FRANK 1
O CIUMENTO; OS DOIS VAGABUNDOS 1
NÓS, ELAS E O CAPITÃO 1
NORA 1
NOITE DE 16 DE JANEIRO 1
NOCH KFURA 1
NO VALE DOS PADECIMENTOS 1
NO PORTO DE MARSELHA 1
NASCIDA ONTEM 1
NASCE UMA BANDEIRA 1
NASCE UM JUDEU/CIGANOS/RESSURREIÇÃO 1
NAS ESTEPES DO NEGUEV 1
NÃO VOU AO GOLPE 1
NÃO PENSAR 1
NAFTALI PETRUTSHKE 1
NACHT MENTCHEN (HOMENS DA NOITE) 1
NACH ADAM KRISE 1
NA DIR UN VEIN NISHT/CANÇÕES/JUREMOS 1
MYRELE AFERT 1
MUSICAL 1
MULHERES FELIZES 1
MULHER CONTRA MULHER 1

ANEXO 1: ESTATÍSTICAS

MOTL MEIERS GLIKEN (ALEGRIAS DE MOTL MEIER) 1
MOTL FURT KAIN ISRUEL (MOTL VAI A ISRAEL) 1
MOSHKE CHAZIR 1
MOISHE ZALMENS GLIKN 1
MODERNE VAIBER 1
MLAVE MALKE, HERSHELE OSTROPOLER, MINIATUR 1
MIT OFENE OIGN (COM OS OLHOS ABERTOS) 1
MIT GELD DARFMEN NIT SHTOLTZIREN 1
MENTCHN (GENTE) 1
MENACHEM MENDELS GLIKEN (ALEGRIAS DE MENACHEM) 1
MEN LACHT FUN DER VELT (RIMOS DO MUNDO) 1
MEN KEN LEIBN NOR MEN LOZT NIT (PODE-SE VIVER, MAS NÃO DEIXAM) 1
MAZEL TOV, MAME 1
MAZEL TOV (BOA SORTE) 1
MAMELE (MÃEZINHA) 1
MAIN VAIBS MISHPUCHE 1
MAIN MEIDELES CHASSENE (O CASAMENTO DA MEIDELE) 1
MAIN MANS KALE (A NOIVA DO MEU MARIDO) 1
MAIN HARTZ IZ DAIN (MEU CORAÇÃO É TEU) 1
MAIN GLIKLECHE HEIM 1
MÃE CORAGEM 1
MADAME JACLIN 1
LUA DE MEL 1
LOWKE FIN ODESS (LOWKE DE ODESSA) 1
LOVKE MALADIETZ 1
LOMIR TRINKEN A KAVELE (VAMOS TOMAR UM CAFÉ) 1
LEIBN ZOL AMERIKA (VIVA A AMÉRICA) 1
LEBEN ZOL ZAIN GELEIBT (A VIDA DEVE SER VIVIDA) 1
LACHN IZ GEZUNT (RIR É O MELHOR REMÉDIO) 1
KROITZER SONATE (SONATA A KROITZER) 1
KROCHMALNE GAS (RUA KROCHMALNE) 1
KINDER FARGESSN NIT (CRIANÇAS NÃO ESQUECEM) 1
KEAN 1
JETTCHEN UN ONKEL ELI 1
JACOB ROTBAUM EM RECITAL 1
IZKOR 1
IUKL DO MÉXICO 1
ITSHE MEIER FUN WARSHE (ITSHE MEIER DE VARSÓVIA) 1
ISRAEL LACHT (ISRAEL RI) 1
IR CHUPE TANTZ (A SUA DANÇA NUPCIAL) 1
IOSSELE SOLOVEI 1
IOSSELE IN AMERIKE 1
IOSSELE DER SHNAIDER (IOSSELE, O ALFAIATE) 1
IOSSEL DER KLEZMER (O MÚSICO) 1
IOSKE VERT A CHUSSN (NOIVADO DE IOSKE) 1
INSEPARÁVEIS NA CASA DA MORTE 1
IN NEGUEV (NO NEGUEV) 1
IN KEITN FUN LEBN (CORRENTES DA VIDA) 1
IN AN UNGARESHE KRETSHME (TABERNA HÚNGARA) 1
IN A RUMEINISHE KRETSHME (UMA TABERNA ROMENA) 1
IN A POILISHER KRETSHME (UMA TABERNA POLONESA) 1
IN A MESHUGUENE VELT (MUNDO LOUCO) 1
IN A FARVORFN VINKL 1
IHR GROISSER SOD (SEU GRANDE SEGREDO) 1
IHR GOLDENER CHOLEM (SEU SONHO DOURADO) 1
IEDER FROISFARLANG (CADA DESEJO DE MULHER) 1
IDN REDN, IDN ZINGUEN 1
IDN FURN KAIN ISRUEL (JUDEUS VÃO A ISRAEL) 1
ICH VIL A KIND (GRITO DA CONSCIÊNCIA) 1
ICH BIN NIT ICH 1

176 ENSAIOS DE UM PERCURSO: O TEATRO ÍDICHE EM SÃO PAULO

IANKELE UN RUCHELE (IANKELE E RUCHELE). 1
IANKEL DER SHMID 1
HUMOR JUDAICO. 1
HULIE KABTZEN 1
HÓSPEDE VERDE; SHABTAI ZVI; TÉVYE, DER MIKHENER 1
HÓSPEDE DO OUTRO MUNDO; LISA CLOP; PÉROLAS. 1
HIT AICH FAR SHATCHUNIM 1
HISTÓRIAS DE CHELEM 1
HERTZER UN BLUMEN (CASAMENTO) 1
HAMLET. 1
HALLO MAMA. 1
GUEVALT DOCTOR RATEVET 1
GUETZL VERT A CHUSSN. 1
GUETZEL FUN CHELEM (GUETZEL DE CHELEM) 1
GOT MENTSH TEIVL 1
GOOD BYE NEW YORK (ADEUS NOVA YORK) 1
GOLDFADEN CHULEM (O SONHO DE GOLDFADEN) 1
GOLDENE KALE (NOIVA DOURADA). 1
GNEIVISHE LIBE (AMOR ROUBADO) 1
GEZUND UN MESHIGE (SÃO E LOUCO) 1
GEKOIFTE LIBE (AMOR COMPRADO) 1
FREUDS TEORIE FUN CHALOIMES. 1
FREIDL VERT A KALE (FREIDL VAI FICAR NOIVO) 1
FREID, HUMOR, TANTZ UN GUEZANG. 1
FREID ZICH IDELECH (JUDEUS DIVIRTAM-SE) 1
FORA DA BARRA 1
FLICHTINGUE FARTRIBENE IDEN 1
FISHEL DER GUEROTENER 1
FIR CHASSENES IN EIN NACHT (QUATRO CASAMENTOS NUMA NOITE) . . . 1
FESTIVAL DE PURIM/GESPROCHENER ZEITUNG 1
FESTIVAL DE PURIM 1
FARSHPILTE VELT (MUNDO PERDIDO) 1
FARLOST ZICH OIF MIR 1
FAR IHRE KINDER 1
FAR ELTERENS ZIND (PARA O SOFRIMENTO DOS PAIS) 1
ESTA NOITE CHOVEU PRATA. 1
ESPECTROS 1
ERLECH IZ SHVERLECH (É DIFÍCIL SER HONESTO) 1
ERLECH IZ SHVERLECH 1
EREV IOMTEV NA CASA DE RABBI LACH 1
DUS TELERL FIN HIML 1
DUS LIB FIN AMUL 1
DUS FREILICHE SCHNAIDERL (O ALEGRE ALFAIATE) 1
DRAI TECHTER IZ KAIN GUELECHTER 1
DR. HERTZL. 1
DOS SCHWARTZE REBELE 1
DOS REDELE DREIT ZICH (A RODINHA GIRA) 1
DOS MEIDL FUN POILN. 1
DOS MEIDL FUN BROADWAY (A GAROTA DA BROADWAY). 1
DOS GRESTE GLIK 1
DOS GEZANG FUN MAIN HARTZ (A CANÇÃO DO MEU CORAÇÃO) 1
DOS GEZANG FUN DI FELDER (A CANÇÃO DOS CAMPOS). 1
DOS GASSEN MEIDL (A PROSTITUTA). 1
DOS FREILECHE SHNAIDERL (O ALFAIATE FELIZ) 1
DOS CHAZENDL (O PEQUENO CHAZAN) 1
DOS CABARET MEIDL (A MOÇA DO CABARÉ) 1
DORFISHE PRINCESSN FUN DI GOLDENE TZAITN 1
DORFISHE LIBE. 1
DONA DA CASA/ANIMAIS A CAMINHO DA ARCA. 1
DO MUNDO NADA SE LEVA 1

ANEXO 1: ESTATÍSTICAS

DIAS FELIZES 1
DI VILDE MOID (A GAROTA SELVAGEM) 1
DI SOIDES FUN A GROISSER SHTOT (OS SEGREDOS DE UMA CIDADE GRANDE) 1
DI RUMEINISHE CHASSENE 1
DI NAIE VELT 1
DI MISHPUCHE KARNOVSKI 1
DI KSIBE (A CERTIDÃO DE CASAMENTO) 1
DI KISHUV MACHERIN/DI BABE IACHNE 1
DI KALE FUN POILN (A NOIVA DA POLÔNIA) 1
DI IMPORTIRTE DINST (EMPREGADA IMPORTADA) 1
DI IIDICHE TZIGAINERIN 1
DI IIDICHE CHASSENE (O CASAMENTO ÍDICHE) 1
DI HITZERNE SHISSL 1
DI GUELE LATE (A MARCA DA DESONRA) 1
DI GRINE FELDER (CAMPOS VERDES) 1
DI GOLDENE KALE (A NOIVA DOURADA) 1
DI GOLDENE CHASSENE 1
DI GEBROCHENE HERTZER (CORAÇÕES PARTIDOS) 1
DI FROI VOS HOT DERHARGUET (A MULHER QUE MATOU) 1
DI FREILECHE VANDERERS (ALEGRES ANDARILHOS) 1
DI FREILECHE KAPELE (A ALEGRE ORQUESTRA) 1
DI EMESSE KRAFT 1
DI EIBIKE KALE (A NOIVA ETERNA) 1
DI DRAI MATONES (OS TRÊS PRESENTES) 1
DI BLONDJENDE SHTERN 1
DEUS, HOMEM E O DIABO 1
DERVA CHUNG 1
DER ZISSER BUCHER (O DOCE RAPAZ) 1
DER ZINGER FUN MAIN HARTZ (O CANTOR DO MEU CORAÇÃO) 1
DER ZEIDE GUEIT (O AVÔ ESTÁ CHEGANDO) 1
DER VILNER CHOSSN (O NOIVO DE VILNA) 1
DER VILDER MENTSH (O SELVAGEM) 1
DER VARSHEVER LANDSMAN 1
DER VARSHEVER KANAREK (O CANÁRIO DE VARSÓVIA) 1
DER TOG IS GEKUMEN (SURGIU O DIA) 1
DER TFILIN YID 1
DER TATENS TOCHTER 1
DER TANTZ FARB TOIT (DANÇA ANTES DA MORTE) 1
DER SHVUES IN GUETO 1
DER SHTROIENER SOLDAT (O SOLDADO DE PALHA) 1
DER SHTOT MECHUGUENER (O LOUCO DA CIDADE) 1
DER SHLIMAZELDIKER CHUSSN (O NOIVO SEM SORTE) 1
DER PAIATZ, BOBE BUNTZIE E OUTRAS 1
DER PAIATZ (O PALHAÇO) 1
DER OREMER MILIONER (O MILIONÁRIO POBRE) 1
DER OITSER (O TESOURO) 1
DER MISHPET 1
DER MAMES ZINDALE (O FILHINHO DA MAMÃE) 1
DER LEIDIGUEIER (POR ACASO) 1
DER KURTEN VARFER (O JOGADOR) 1
DER KOMEDIANTSHIK (O PEQUENO COMEDIANTE) 1
DER KLEZMERL (O MÚSICO) 1
DER IESHIVER BUCHER 1
DER IDISHER KEINIG LIR (O REI LEAR JUDEU) 1
DER IBERIQUER MENTSH 1
DER HEILIKER TANTZ 1
DER HEILIKER FLAM (A FLAMA SAGRADA) 1
DER GRINER CHOSSN 1
DER GOLEM FUN PRAG 1
DER GLOKEN TSIER FUN NOTRE DAME 1

178 ENSAIOS DE UM PERCURSO: O TEATRO ÍDICHE EM SÃO PAULO

DER GLIK SHIDECH. 1
DER GELIBTER BIN ICH (AMANTE SOU EU). 1
DER GASSN HENDLER 1
DER GALITZIANER CHLONIOT. 1
DER FREILECHER TZIGAINER (O CIGANO ALEGRE) 1
DER FREILECHER KATPZEN (O MENDIGO ALEGRE) 1
DER FREILECHER BOCHER (O ALEGRE RAPAZ) 1
DER EINTZIKER VEIG (O ÚNICO CAMINHO) 1
DER COMEDIANT (O COMEDIANTE) 1
DER CHAZEN ZINGER (VEM CASAR COMIGO) 1
DER BOBES IERUSHE (A HERANÇA DA AVÓ) 1
DER BLUTIKER GELECHTER (O RISO SANGRENTO) 1
DER AMERIKANER LITVAK. 1
DEM ZEIDNS GUELIBTE (A NAMORADA DO VOVÔ) 1
DEM MILIONERS TRERN (AS LÁGRIMAS DOS MILIONÁRIOS) 1
DEM BEKERS LIBE 1
DE DAN A EILAT 1
DAVID REUBENI 1
DAVID E SAUL. 1
DAS KALTE LIGHT 1
CRIME E CASTIGO 1
CORAÇÕES À VENDA 1
CHELEMER CHACHOMIM 1
CHANE PESSL FUN ODESS (CHANE PESSL DE ODESSA). 1
CHANA SZENES, A ÍIDICHE HELDIN (HANA SZENES, UMA HEROÍNA ÍDICHE) 1
CHAIM SCHIES GLIKEN (AS ALEGRIAS DE CHAIM). 1
CHAIE IN SHMAIE (DEVEMOS SER HOMENS) 1
CENAS BÍBLICAS NA LITERATURA EUROPEIA 1
CASAMENTO ISRAELITA 1
CASAMENTO ÍDICHE 1
CASAMENTO DA GALÍCIA 1
CASAMENTO ALEGRE 1
CANÇÃO DE MENOR 1
CAMPINA VERDE 1
CADÁVER VIVENTE. 1
CADA UM DE NÓS. 1
BRIDER ZINGUER. 1
BRIDER ASHKENAZI (IRMÃOS ASHKENAZI) 1
BRASIL – ISRAEL 1
BOLINGBROK & CIA. 1
BEREL, O AFAIATE/ROMAN 1
BEETHOVEN 1
BANDIDO GENTLEMAN. 1
BALEBATISH DEMOKRATISH. 1
BAI MIR BISTU SHEIN 1
ASSEMBLEIA DOS RATOS. 1
AS TRÊS PRENDAS 1
AS PROFECIAS DE EZEQUIEL SOBRE ISRAEL 1
AS LENDAS RESSUSCITAM 1
AS FAMOSAS ASTURIANAS 1
AS ÁRVORES MORREM DE PÉ 1
APOSTA TRÁGICA 1
AMOR NO CÁUCASO 1
ALTZ VERT GEKASHERT 1
ALTZ FAR DIR (TUDO POR VOCÊ). 1
ADÃO E EVA ATRAVÉS DOS SÉCULOS 1
ACHASHVEIROSH. 1
ABI MEN ZEIT ZICH 1
A VITÓRIA DA JUSTIÇA 1
A TOG FAR DER CHUPE; VÉSPERA DO CASAMENTO 1

ANEXO 1: ESTATÍSTICAS

A SIMCHE IN SHTETL (UMA FESTA NA CIDADELA) 1
A ROMAN FUN EIN NACHT. 1
A RESSURREIÇÃO DE ISRAEL. 1
A QUINTA RODA 1
A NACHT OIF BRODVAI (UMA NOITE NA BROADWAY) 1
A NACHT IN VARSCHE (UMA NOITE EM VARSÓVIA) 1
A MULHER QUE PERDEU 1
A MOID A FAIER (MOÇA ALEGRE). 1
A MOCINHA DO INTERNATO. 1
A MAZEL FUN A BOCHER (A SORTE DE UM RAPAZ) 1
A MAN TSU FARDINGEN (ALUGA-SE UM MARIDO). 1
A MAN DARF ZAIN A MAN (UM HOMEM DEVE SER HOMEM) 1
A GUESHICHTE FIN LIBE. 1
A GRUS FUN RUSLAND (SAUDAÇÃO DA RÚSSIA) 1
A GAROTA DE TEL AVIV 1
A FROI FAR ALE (MULHER DE TODOS) 1
A FREMD KIND (O FILHO DOS OUTROS) 1
A FOLK VOS ZINGT (UM POVO QUE CANTA) 1
A FARSA E JUSTIÇA DO SR. CORREGEDOR 1
A FAMÍLIA ZONENBRUCH E OUTRAS/FRAGMENTOS 1
A FAMÍLIA ALEGRE. 1
A EMPREGADA IMPORTADA 1
A EIDEM OIF KEST 1
A DOCTOR E MONÓLOGO DER MILNER 1
A CHUSN UN A KALE (UM NOIVO E UMA NOIVA) 1
A CHOSSN IN RESERV (UM NOIVO NA RESERVA) 1
A CHASSENE UN LIBE (CASAMENTO E AMOR) 1
A CAMINHO DE JERUSALÉM 1
A BUNT MIT A STATSHKE 1
A BUCHER MIT SEICHEL (UM MOÇO COM JUÍZO) 1
A BRUXINHA QUE ERA BOA 1
A BRIVELE DER MAMEN 1

TOTAL GERAL: 429

AUTORES

NOME	QTDE.	NOME	QTDE.
SCHOLEM ALEIKHEM	18	LEON TOLSTÓI	3
JACOB GORDIN	17	I. SINGER	3
SIGAL	14	G. RUBINSTEIN	3
SHLOIME PRIZAMENT	10	CLIFFORD ODETS	3
ABRAHAM GOLDFADEN	9	ZYGMUND TURKOW	2
MAX PERELMAN	6	Z. LIBIN	2
SCHOLEM AN-SKI.	5	TATIANA BELINKY	2
PINIE GOLDSTEIN	5	SCHORA	2
FRAIMAN	5	RUBIN HOCHBERG	2
SCHOLEM ASCH.	4	ROSENBERG	2
OSWALDO DRAGUN.	4	PERETZ HIRSCHBEIN.	2
I.L. PERETZ	4	PERELMAN	2
BEN-ZION WITLER	4	MARIA CLARA MACHADO	2
TATIANA BELINKY E GEORGES OHNET	3	M. PERELMAN.	2
SHCOLEM SECUNDA	3	LEON KOBRIN.	2
MEIER PERLMAN	3	KAROL GUTSKOV.	2
MARKOVITCH.	3	JOHANN NESTROY	2
M. MARGULIT (PERELMAN)	3	JENNY LOVITZ	2

ENSAIOS DE UM PERCURSO: O TEATRO ÍDICHE EM SÃO PAULO

I.L. PERETZ; SCHOLEM ASCH;
   SCHOLEM ALEIKHEM 2
I. BASHEVIS SINGER 2
HENRYK IBSEN 2
H. LEIVIK 2
DOSTOIÉVSKI 2
DAVID PINSKI 2
BERTOLD BRECHT 2
ARNOLD DISSOW E JAMES GAM . . . 2
LEON TOLSTÓI 2
WOLF BRESSER 1
WILLIAM SHAKESPEARE 1
WERNER STRASSBURGER. 1
VICTOR HUGO 1
VERNER; HASKEL;
   ABRAHAM GOLDFADEN 1
URI ZIFRONI 1
SZIZMOS. 1
SUTTON VANE 1
SUTSKI 1
STUCHKOF 1
STRINDBERG 1
SIMION LASCHKEWITCH. 1
SHMULEVICH 1
SEM SHMILOVITCH. 1
SCHWARTZ 1
SCHMAI PICHNOFF. 1
SALOMON ETTINGER. 1
S. OIERBACH 1
S. LIBINS 1
S. KOHN 1
RUSSO, TRAD. SOFIA BIELA 1
ROLF HERZBERG 1
RICHTER 1
RAYMUNDO DE MAGALHÃES JR. . . 1
RACHEL KRASILCHIK LEVI 1
PERELMUTER 1
PEDRO BLOCH 1
NUCKMAYER 1
NUCHEM MELNIK. 1
NACHALNIK. 1
MORRIS SCHWARTZ 1
MOLIÉRE 1
MISCHE BERENSTEIN. 1
MICHAEL MICHALESKO 1
MAKSIM GÓRKI. 1
MARTINS PENA 1
MARGALIT 1
MANFRED HOEXTER 1
MAESTRO KALISCH. 1
M. TRIGER. 1
M. KOPELMAN 1
M. HASHEVATSKY E B. BERGOLTZ . . 1
LUDWIG FULDA/AWERTSCHENKO. . 1
LUCIA BENEDETI 1
LOPE DE VEGA 1
LEYBA MANDEL. 1
LEON KRUCHKOWSKI 1
LEIVITCH 1
LASKOWSKY. 1

KRUTCHKOVSKI 1
KREISHER 1
KAROL CHAPEK. 1
KARLOS KUTZKOFF. 1
JULES RENARD 1
JETTCHEN GEBERT 1
JACOB KURLENDER. 1
J. ROSENFELD; ? ;
   SCHOLEM ALEIKHEM 1
J. HARTLEY MANNERS 1
ISIDOR LILIEN 1
ISIDOR LASZ 1
I.L. PERETZ 1
I. BASHEVIS SINGER 1
I. MAYER, MAX NUNES E H. CUNHA . 1
I. LUBEL 1
I. BERKOWITCH. 1
HELEN FINE. 1
HARRY SEKLER 1
H. ARIEL. 1
GUY DE MAUPASSANT,
   ABRAHAM GOLDFADEN 1
GERMAN ROZENMACHER 1
GARSON KANIV. 1
FRIDMAN 1
FRANCES GOODRICH, ALBERT HECKET 1
FEUCHTWANGER 1
FALBURG 1
F. BISBERG 1
F. ALT 1
ELOY DE ARAUJO 1
EFRAIM KISHON/ANTON TCHÉKHOV. 1
EFRAIM KISHON 1
DVOIRE ROSENBLUM E
   NUCHEM MELNIK 1
DR. KAMIL, J. HONIG 1
DANI BERENSTEIN 1
D.M. PER 1
COHEN 1
BYRON; CALDERON DE LA BARCA;
   RACINE; HEBBEL 1
BERNARD FISCHER 1
BERGNER 1
BERGELSON 1
BEN HECHT 1
AYN RAND. 1
ARNOLD HASKEL; FEINMAN;
   A. HASKEL 1
ARI EVEN ZAHAV 1
ANTON TCHÉKHOV 1
ANTHONY ZWODZINSKI 1
ALEXANDRE DUMAS 1
ALEJANDRO CASONA 1
ABILIO PEREIRA DE ALMEIDA. . . . 1
A.S. ZAKS; POESIAS DE A. SUTZKEVER 1
A. LILIEN 1
A. CASONA 1
OLSCHANIECKI 1

TOTAL GERAL: 147

LOCAIS

NOME	QTDE.	NOME	QTDE.
TEATRO CULTURA ARTÍSTICA	126	TEATRO RECORD	1
TEATRO MUNICIPAL	123	TEATRO ODEON – SALA AZUL	1
TEATRO CASSINO ANTÁRTICA	49	TEATRO MARIA DELLA COSTA	1
TEATRO SANTANNA	31	TEATRO DE BOLSO	1
TEATRO DE ARTE ISRAELITA BRASILEIRO	31	TEATRO DAS BANDEIRAS	1
CONGREGAÇÃO ISRAELITA PAULISTA	15	TEATRO CENTRAL	1
THEATRO SÃO JOSÉ	9	TEATRO BOM RETIRO	1
TEATRO ESPLANADA	9	TEATRO BELA VISTA	1
TEATRO BOA VISTA	6	TEATRO INST. CULTURAL ISRAELITA BRASILEIRO	1
INSTITUTO CULTURAL ISRAELITA BRASILEIRO	6	TEATRO FRANCISCO NUNES/ BELO HORIZONTE	1
TEATRO CAETANO DE CAMPOS	5	SALÃO DA ASSOCIAÇÃO DE CULTURA FÍSICA	1
TEATRO LUSO-BRASILEIRO	4	RUA JOSÉ PAULINO, 144	1
TEATRO LEOPOLDO FROES	4	LAR DAS CRIANÇAS DA CPI	1
CLUB ESCANDINAVO	4	ESPORTE CLUBE PINHEIROS	1
TEATRO LUSO-BRASILEIRO	3	CONSERVATÓRIO	1
TEATRO DE "A HEBRAICA"	3	CÍRCULO ISRAELITA DE SÃO PAULO	1
TEATRO COLOMBO	3	CINE TEATRO ODEON – SALA AZUL	1
TEATRO SÃO FRANCISCO	2	CINE TEATRO ODEON	1
TEATRO PARAMOUNT	2	CENTRO PROFESSORADO PAULISTA	1
TEATRO DO ICIB	2	CENTRO JUDAICO DE SÃO CAETANO	1
TEATRO ALUMÍNIO	2	CENTRO ISRAELITA DO CAMBUCI	1
INSTITUTO DE EDUCAÇÃO CAETANO DE CAMPOS	2	AUDITÓRIO CASA DO POVO – SANTOS	1
CINE TEATRO SÃO FRANCISCO	2	ASSOCIAÇÃO BRASIL-BESSARÁBIA	1
TEATROS DE A HEBRAICA E DA CIP	1	A HEBRAICA (INAUGURAÇÃO TEATRO)	1
TEATRO SANTANNA	1		
TEATRO REPÚBLICA	1	TOTAL GERAL	50

COMPANHIAS AMADORAS

NOME	QTDE.
GRUPO DO INSTITUTO CULTURAL ISRAELITA BRASILEIRO	18
GRUPO TEATRAL CENTRO CULTURA E PROGRESSO	14
DINA HALPERN	13
COMPANHIA ISRAELITA DE COMÉDIA MUSICADA	10
GRUPO TEATRAL DO DEPARTAMENTO JUVENIL DA CIP	9
DVOIRE ROSENBLUM & NUCHEM MELNIK	9
MORRIS SCHWARTZ	8
IUGENT CLUB	3
GRUPOS DO ICIB E CAIXA ECONÔMICA FEDERAL	3
GRUPO TEATRAL DA CIP	3
GRUPO DE TEATRO DE "A HEBRAICA"	3
DEPARTAMENTO DE ARTE DRAMÁTICA DA ABIBSA-RJ	3
CLUBINHO I.L. PERETZ DO ICIB	3
SEÇÃO ARTÍSTICA ASSOCIAÇÃO ISRAELITA BRASILEIRA	2
GRUPO TEATRAL DEPARTAMENTO JUVENIL/AVANHANDAVA	2
COMISSÃO DE ENSINO DA CIP	2
ASSOCIAÇÕES ISRAELITAS POLONESES/CORO HAZAMIR	2
TIC – CLUBINHO I.L. PERETZ DO ICIB	1

182 ENSAIOS DE UM PERCURSO: O TEATRO ÍDICHE EM SÃO PAULO

```
LAR DAS CRIANÇAS DA CIP . . . . . . . . . . . . . . . . . . . . . . . . . . .1
ICHUD HABONIM. . . . . . . . . . . . . . . . . . . . . . . . . . . . . . . . .1
GRUPO TEATRAL EQUIPE . . . . . . . . . . . . . . . . . . . . . . . . . . . .1
GRUPO TEATRAL DO LAR DAS CRIANÇAS DA CIP . . . . . . . . . . . . . . .1
GRUPO DO INSTITUTO CULTURAL HEBRAICO . . . . . . . . . . . . . . . . .1
GRUPO DE ARTISTAS ISRAELITAS DE SÃO PAULO . . . . . . . . . . . . . . .1
GRUPO DE AMADORES ISRAELITAS PAULISTA . . . . . . . . . . . . . . . . .1
GRÊMIO DA MOCIDADE DA CIP . . . . . . . . . . . . . . . . . . . . . . . . .1
GRANDE COMPANHIA ISRAELITA DE COMÉDIAS. . . . . . . . . . . . . . . .1
GRUPO TEATRAL CENTRO ESTUDOS JUDAICOS C. WEIZMANN . . . . . . . . .1
COMPANHIA ISRAELITA PAULISTA . . . . . . . . . . . . . . . . . . . . . . .1
COMPANHIA DE TEATRO AMADOR . . . . . . . . . . . . . . . . . . . . . . .1
ASSOCIAÇÕES JUVENIS DE SÃO PAULO . . . . . . . . . . . . . . . . . . . .1
AINHAIT CLUB . . . . . . . . . . . . . . . . . . . . . . . . . . . . . . . . .1
4ª SÉRIE DA ESCOLA SHOLEM ALEICHEM . . . . . . . . . . . . . . . . . . .1
3ª SÉRIE DA ESCOLA SHOLEM ALEICHEM . . . . . . . . . . . . . . . . . . .1

TOTAL GERAL. . . . . . . . . . . . . . . . . . . . . . . . . . . . . . . . . .34
```

TEATRO E COMPANHIAS PROFISIONAIS

```
NOME . . . . . . . . . . . . . . . . . . . . . . . . . . . . . . . . . . . QTDE.

COMPANHIA ISRAELITA DE COMÉDIAS. . . . . . . . . . . . . . . . . . . . .26
MAX PERELMAN & GUITA GALINA . . . . . . . . . . . . . . . . . . . . . . .22
HENRY GUERO & ROSITA LONDNER. . . . . . . . . . . . . . . . . . . . . . .21
BEN-ZION WITLER & SHIFRELE LERER . . . . . . . . . . . . . . . . . . . . .20
DINA HALPERN . . . . . . . . . . . . . . . . . . . . . . . . . . . . . . . . .13
ITZCHAK FELD & LOLA SZPILMAN . . . . . . . . . . . . . . . . . . . . . . .11
PEISECHKE BURSZTEIN & LILIAN LUKS. . . . . . . . . . . . . . . . . . . . .10
COMPANHIA ISRAELITA DE COMÉDIA MUSICADA . . . . . . . . . . . . . . .10
DVOIRE ROSENBLUM & NUCHEM MELNIK . . . . . . . . . . . . . . . . . . .9
CHEWEL BUZGAN & RYWKE SCHILER. . . . . . . . . . . . . . . . . . . . . .9
PINIE GOLDSTEIN . . . . . . . . . . . . . . . . . . . . . . . . . . . . . . .8
MORRIS SCHWARTZ . . . . . . . . . . . . . . . . . . . . . . . . . . . . . .8
COMPANHIA ISRAELITA DE OPERETAS . . . . . . . . . . . . . . . . . . . .8
COMPANHIA ISRAELITA DE COMÉDIAS/ARGENTINA . . . . . . . . . . . . . .8
MORRIS SCHWARTZ, J. LOVITZ, M. MICHALOVITCH . . . . . . . . . . . . . .7
JENNY LOVITZ & MICHAL MIICHALOVITCH . . . . . . . . . . . . . . . . . .7
GUIZI HAJDEN & SHLOIME PRIZAMENT . . . . . . . . . . . . . . . . . . . .7
TEATRO MITRE DE BUENOS AIRES . . . . . . . . . . . . . . . . . . . . . .6
COMPANHIA ISRAELITA DE VARIEDADES. . . . . . . . . . . . . . . . . . . .6
COMPANHIA ISRAELITA DE TEATRO MUSICADO. . . . . . . . . . . . . . . .6
ZYGMUND TURKOW & CIA. . . . . . . . . . . . . . . . . . . . . . . . . . . .5
IRVING DJEICOBSON & MEI SCHEINFELD. . . . . . . . . . . . . . . . . . . .5
DZIGAN & SZUMACHER . . . . . . . . . . . . . . . . . . . . . . . . . . . .5
COMPANHIA ISRAELITA BRASILEIRA . . . . . . . . . . . . . . . . . . . . . .5
TEATRO ESTATAL JUDAICO "E.R. KAMINSKA"/VARSÓVIA . . . . . . . . . . . .4
MORRIS SCHWARTZ & CHARLOTTE GOLDSTEIN . . . . . . . . . . . . . . . .4
COMPANHIA ISRAELITA DE DRAMAS E COMÉDIAS. . . . . . . . . . . . . . .4
COMPANHIA DRAMÁTICA ISRAELITA DO TEATRO SOLEIL . . . . . . . . . . .4
SAMUEL GOLDNBERG . . . . . . . . . . . . . . . . . . . . . . . . . . . . . .3
LEIELE & JOSEF STERLING . . . . . . . . . . . . . . . . . . . . . . . . . . .3
GRANDE COMPANHIA ISRAELITA . . . . . . . . . . . . . . . . . . . . . . . .3
EMPRESA IRIS. . . . . . . . . . . . . . . . . . . . . . . . . . . . . . . . . .3
CHAIELE GRABER (VISITANTE) . . . . . . . . . . . . . . . . . . . . . . . . .3
```

ANEXO 1: ESTATÍSTICAS

BELA BELARINA & BORIS OIERBACH 3
TEATRO ÍDICHE POPULAR STABILE. 2
TEATRO DE ARTE SOLEIL DE BUENOS AIRES 2
SIMON NUSBOIM 2
PAUL BARATOFF 2
LEON LIBGOLD & LILI LILIANA 2
LEO FUKS & MIRELE GRUBER 2
JACOB ROTBAUM 2
GRUPO LOCAL ÍDICHE 2
GRUPO DO TEATRO CORRIENTES DE BUENOS AIRES. 2
ESTER PERELMAN & JACOB KURLENDER 2
ESTER PERELMAN & MISCHE BERENSTEIN .2
ELVIRA BOSHKOWSKA, S. NUSBOIM & MAX NEUFELD. 2
COMPANHIA ISRAELITA & ZYGMUND TURKOW 2
CLARA FRIDMAN 2
BERTA GUTENTAG (VISITANTE) 2
BERTA GERSTEIN & JACOB BEN-AMI 2
WILLY GOLDSTEIN & CIA. 1
TEATRO POPULAR ÍDICHE DE SÃO PAULO .1
TEATRO MITRE DE BUENOS AIRES & M. MICHALESKO. 1
TEATRO HABIMAH DE ISRAEL. 1
TEATRO SOLEIL DE BUENOS AIRES & LODZIER TRUPE. 1
SIMON NUSBOIM & SONIA LEMBERG 1
SEM SHMILOVITCH. 1
NYDIA LICIA 1
NATAN KLINGER E ELENCO 1
MAX PERELMAN, GUITA GALINA & M. BERENSTEIN 1
MARK MORAWSKI & IRENA RUSKIN. 1
MAIER CELNIKER. 1
LEO FULD 1
LEA DEGANT & MOSHE HALEVI 1
KAROLA HELLER & NELI GANI 1
KAROLA HELLER 1
JULIUS E ANA NATANSON 1
JONAS TURKOW & DIANA BLUMENFELD 1
KACOB KURLENDER E ESTER PERELMAN. .1
J.M. VARCHAWSKI & MERI MARKO 1
GRUPO SAUDAÇÕES DE ISRAEL 1
GRUPO DO TEATRO CORRIENTES DE BUENOS AIRES. 1
GRUPO DO INSTITUTO DE CULTURA HEBRAICA 1
ESTER PERELMAN 1
ELENCO DO TEATRO CULTURA ARTÍSTICA .1
COMPANHIA JUDAICA 1
COMPANHIA ITALIANA DEI GIOVANI 1
COMPANHIA ISRAELITA DE REVISTAS 1
COMPANHIA ISRAELITA DE ARTISTAS UNIDOS. 1
COMPANHIA DE ARTE ISRAELI 1
CLARA FRIDMAN, HERI PAT, ADOLF MIDE .1
CIA. ISRAELITA DE COMÉDIAS JOSEPH BULOFF 1
CIA. ISRAELITA DE ESPETÁCULOS MUSICADOS. 1
CIA. ISRAELITA DE COMÉDIAS JOSEPH BULOFF 1

TOTAL GERAL. 84

DIRETORES

NOME	QTDE.
ITZCHAK LUBELTSCHIK	29
WILLY GOLDSTEIN	13
MORRIS SCHWARTZ	11
JACOB KURLENDER	8
CHEWEL BUZGAN	8
RUBIN HOCHBERG	6
LEYBA MANDEL	6
ARNOLD HASKEL	6
SIMON BUCHALSKY (DIRETOR ADMINISTRATIVO)	5
MIRIAM LERER E WILLY GOLDSTEIN	5
JAIME GALPERIN	5
JACOB ROTBAUM	4
HENRY GUERO	4
FELIPE WAGNER	4
ESTER PERELMAN, I. HANDFUSS E S. BUCHALSKY	4
BEN-ZION WITLER	4
STRAMER, PELZ, FELDBAUM, NAREPKIN, GLASERMAN	3
IDA KAMINSKA	3
BERNARDO SAUER	3
AMIR HADDAD	3
ADOLPHO FRAIMAN	3
WILLY GOLDSTEIN E MORIS LERNER	2
VIEIRA KANIEVSKA E PAUL BREITMANN	2
SALOMON STRAMER	2
MOISHE LIPMAN	2
JOSEPH BULOFF	2
JOSE SCHRAIBER	2
JACOB MESTEL	2
JACOB BEN-AMI	2
HARRY NEUFELD	2
ESTER PERELMAN E ISUCHER HANDFUSS	2
ALBERTO D'AVERSA	2
ZYGMUND TURKOW (ASSISTENTES: H. BLANK, J. LANDA)	1
ZYGMUND TURKOW	1
SRA. BERG	1

NOME	QTDE.
SIMON NUSBOIM	1
SERGIO CARDOSO	1
RUBIN HOCHBERG E REGI COLEGIUM DO CCP	1
RENATO MASTER	1
MILE CIPKUS	1
MAX PERELMAN	1
MARCOS ROSENBAUM E J. COELHO NETO	1
MARCOS JOURDAN	1
LUCIA MELLO	1
KAROL LATOWICZ	1
JOÃO ERNESTO COELHO NETO	1
JAIME GALPERIN (DIRETOR TÉCNICO)	1
JACOB ROTBAUM (ASSISTENTE: R. HOCHBERG)	1
JACOB BEN-AMI	1
J. FRIDMAN	1
IVONETE VIEIRA	1
ITZCHAK LUBELTSCHIK/RUBIN HOCHBERG	1
ISUCHER HANDFUSS	1
IAN MICHALSKI	1
HELENA MORITZ E RUTH MEHLER	1
GRAÇA MELLO	1
GIORGIO DE TULLO	1
GERALDO VIETRI	1
FREDI KLEEMAN	1
FRANCISCO GIACCHIERI	1
FELIPE WAGNER E IGAL NOSSENHON	1
ESTHER CYMROT	1
ERNESTO MORITZ	1
ERNA ROTH, PROF. MAX MODERN E HARRY NEUFELD	1
DINA SFAT	1
CHAIM PARDO	1
BORIS CIPKUS	1
ARIE AVISSAR	1
AIDA SLON	1

	QTDE.
TOTAL GERAL	70

EMPRESÁRIOS

NOME	QTDE.
ITZCHAK LUBELTSCHIK	147
ITZCHAK LUBELTSCHIK & MICHAL MICHALOVITCH	26
ITZCHAK LUBELTSCHIK & WILLY GOLDSTEIN	18
WOLF VIPMAN	13
CONGREGAÇÃO ISRAELITA PAULISTA	12

ANEXO 1: ESTATÍSTICAS

PINIE GOLDSTEIN 6
DANTE VIGGIANI 6
BERNARDO MANDELBAUM AMANDIER 5
COMPANHIA DE ARTISTAS ISRAELITAS INDEPENDENTES 4
LEYBA MANDEL 4
A. GRIMALDI & E. BEZANZONI 3
EMPRESA VIGGIANI 2
SIMON BUCHALSKY 2
LEYBA MANDEL E SIMON BUCHALSKY 2
JOSÉ LOUREIRO 1
WOLF VIPMAN (ASSISTENTE: JOSÉ MAURER) 1
WOLF VIPMAN & JOSÉ RAPAPORT 1
SOCIEDADE AMIGOS DO TEATRO E MÚSICA ÍDICHE 1
ORGANIZAÇÃO DAS PIONEIRAS DO BRASIL 1
MAGBIT 1
LAR DAS CRIANÇAS DA CIP 1
JOSÉ LOUREIRO 1
INSTITUTO DE CULTURA HEBRAICA 1
GRUPO AMIGOS DA MÚSICA E FOLCLORE ÍDICHE 1
FEDERAÇÃO ISRAELITA DE SÃO PAULO 1
DEPARTAMENTO DE CULTURA E CASA DA JUVENTUDE/CIP 1
DEPARTAMENTO DA JUVENTUDE DO KEREN HAYESSOD 1
CLEIDE SINGER & MIREILLE ADES 1
BARBOSA LESSA 1
ASSOCIAÇÃO ISRAELITA BRASILEIRA 1
ASSOCIAÇÃO FEMININA ISRAELITA BRASILEIRA DE SANTOS 1

TOTAL GERAL 31

FONTES CONSULTADAS

NOME . . . . .QTDE.

O ESTADO DE S.PAULO 114
DER NAIER MOMENT 67
ARQUIVO DO TEATRO MUNICIPAL 63
NOSSA VOZ/DER NAIER MOMENT 55
A GAZETA ISRAELITA DE SÃO PAULO 55
NOSSA VOZ 41
CRÔNICA ISRAELITA 33
ARQUIVO DO TEATRO MUNICIPAL/NOSSA VOZ 15
A GAZETA ISRAELITA DE SÃO PAULO/O ESTADO DE S.PAULO 13
AONDE VAMOS 9
ARQUIVO DO TEATRO MUNICIPAL/O ESTADO DE S.PAULO 4
ARQUIVO DO TEATRO MUNICIPAL/AONDE VAMOS 4
O ESTADO DE S.PAULO/CRÔNICA ISRAELITA 2
O ESTADO DE S.PAULO/NOSSA VOZ/DER NAIER MOMENT 1
DER NAIER MOMENT/DER NAIER MOMENT 1
ARQUIVO DO TEATRO MUNICIPAL/ESTADÃO/AONDE VAMOS 1
ARQUIVO DO TEATRO MUNICIPAL/A GAZETA ISRAELITA 1
AONDE VAMOS/CRÔNICA ISRAELITA 1

TOTAL GERAL 18

MÚSICAS

NOME	QTDE.	NOME	QTDE.
SHOLEM SECUNDA	6	HAMEIRI/LAVRI; KINERET; BRAVIN; KLAZKIN; ALU	1
SHLOIME PRIZAMENT	5	H. KON E PROF. LUDWIG	1
OLSCHANIECKI	2	H. KON	1
MAESTRO A. ALTHAUSEN	2	GOLDFADEN/H. KON; MANGER; FENCTER; AINBINDER	1
JOSEF RUMCHINSKY	2	ERNEST BLOCH	1
SIOME TENOWSKY	1	CORAL DA ABIBSA – RIO DE JANEIRO E SÃO PAULO	1
MAX GEBEL	1	ADOLPHO FRAIMAN	1
MAESTRO TEN. ANTONIO ROMEU	1	ABRAHAM GOLDFADEN	1
LEO FUKS	1		
KURT WEIL	1	TOTAL GERAL	21
JACOB GORDIN	1		
JACK RECHTZAIT	1		
I. LIBIN	1		

EQUIPE TÉCNICA

NOME	QTDE.	NOME	QTDE.
CONTRARREGRA: JAIME GALPERIN	17	CONTRARREGRA: J. GALPERIN E H. ALTHAUSEN	1
JAIME GALPERIN	16	CENÁRIO: ALEXANDRE; FIGURINOS: ESTER CYMROT	1
DIRETOR DE CENA: JAIME GALPERIN	16	CENÁRIO: WERNER CHASKEL E ARNALDO ZOLKO	1
DIRETOR TÉCNICO: JAIME GALPERIN	6	CENÁRIO: TEATRO MITRE DE MONTEVIDEO	1
DIRETOR DE CENA: BERNARDO SAUER	5	CENÁRIO: SILVIO HEILBUT	1
CENÁRIO: JAIME GALPERIN	5	CENÁRIO: MARCOS JOURDAN	1
BERNARDO SAUER	4	CENÁRIO: MARCO ANTONIO GUIMARÃES	1
CENÁRIO: BERNARDO SOIFER	3	CENÁRIO: HEINZ BUDWEG	1
SASHA E MILAN MARKUS	2	CENÁRIO: H.A. KANDLER	1
DIREÇÃO TÉCNICA: BERNARDO SAUER	2	CENÁRIO: ARTHUR WAGNER	1
CENÁRIO: MARIAN STANZAC	2	CENÁRIO: ARQUITETO FRANACHKA	1
PRODUTOR: MOYSES LEINER	1	CENÁRIO: MARIAN STANZAC	1
J. LANDA	1	CENÁRIO E FIGURINOS DE ESTER CYMROT	1
ISAAC GOODBER; CENÁRIO: ROBERT DAVIDSON	1		
HUGUETA SENDACZ (FIGURINOS)	1	TOTAL GERAL	31
FIGURINOS: HANNA BRANDT	1		
DIRETOR TÉCNICO: JAIME GALPERIN	1		
DIREÇÃO TÉCNICA: JAIME GALPERIN	1		

RESPONSÁVEIS PELO PONTO

NOME	QTDE.
IDEL LAKS	71
K. TEPER	1
IDEL LAKS; EFEITOS FONÉTICOS: M. WOLYK	1
GREGORIO ZUKELMAN	1
TOTAL GERAL	4

ANEXO 1: ESTATÍSTICAS

INTERPRETAÇÃO MUSICAL

NOME	QTDE.
MAESTRO FRANCISCO GORGA	31
MAESTRO SIOME TENOWSKY	29
MAESTRO VIVAS	18
MAESTRO CARLOS OSTRONOFF	17
MAESTRO ITALO IZZO	15
MAESTRO MISHA SZTRAITMAN	11
MAESTRO LUIZ ELLMERICH	9
MAESTRO BENJAMIN SILVA ARAUJO	6
GRANDE ORQUESTRA	6
MAESTRO HERMAN LUDWIG	5
MAESTRO A. ALTHAUSEN	5
LES CANADIANS E TROUPE TSHERPANOFF	4
CARLOS OSTRONOFF (PIANO)	4
ORQUESTRA/MAESTRO LEON GOMBERG	3
MAESTRO CARLOS OSTRONOFF (PIANO)	3
MAESTRO ARMANDO BELARDI	3
MAESTRO ANGELO	3
CARLOS OSTRONOFF (REGENTE DA ORQUESTRA)	3
MAESTRO LUIZ ELLMERICH (PIANO)	2
MAESTRO ITALO IZZO (PIANO)	2
MAESTRO FLEISCHMAN	2
MAESTRO D. BEIGELMANN	2
TROUPE TSHERPANOFF (CANTO E DANÇA)/RÚSSIA	1
TROUPE TSHERPANOFF	1
PIANISTA ANA STELA SHICK	1
ORQUESTRA; SOLISTA ERNESTO TREPICCIONE	1
ORQUESTRA TEATRO MUNICIPAL/ MAESTRO ALTHAUSEN	1
ORQUESTRA SINFÔNICA	1
ORQUESTRA E CORO/MAESTRO ITALO IZZO	1
ORQUESTRA COM 18 MÚSICOS	1

NOME	QTDE.
ORQ. SINFÔNICA TEATRO MUNICIPAL /MAESTRO A.ALTHAUSEN	1
ORQUESTRA SINDICATO DOS MÚSICOS E HARRY NEUFELD	1
MAESTRO VIVAS/ITALO ROSSI	1
MAESTRO SALVATORE RUBERTI	1
MAESTRO ROBERTO	1
MAESTRO LEON GOMBARG	1
MAESTRO JAIME FOIGUELMAN	1
MAESTRO ITALO IZZO (DIRETOR MUSICAL)	1
MAESTRO ADOLF MIDE	1
MAESTRO A. ANGELO	1
MAESTRO NOMBERG (DIRIGENTE DA ORQUESTRA)	1
LUIZ ELLMERICH (REGENTE DA ORQUESTRA)	1
LUIZ ELLMERICH (PIANO)	1
LEON GOMBERG	1
LASKOWSKY	1
ISAAC VAN GROVE (ARRANJO MUSICAL)	1
HERBERT BOEHR (PIANO)	1
GRANDE ORQUESTRA	1
DORA ALTHAUSEN (PIANO), MAESTRO ALTHAUSEN	1
COROS: CULTURA E PROGRESSO E C. RECREATIVO	1
COROS HAZAMIR, SCHEIFER/ MAESTRO ALTHAUSEN	1
CORO SCHEIFER/AIDA SLON (DANÇAS)	1
CORO SCHEIFER/DANÇAS COM AIDA SLON	1
CORAL DIRIGIDO POR S. BAER	1
CORAL REGIDO POR N. HORNVALS	1
CENÁRIO: MARJORIE SONNENCHEIN	1
TOTAL GERAL	57

GÊNEROS

NOME	QTDE.
COMÉDIA	81
OPERETA	65
DRAMA	45
MUSICAL	14
REVISTA	12

NOME	QTDE.
TEATRO INFANTIL	8
RECITAL	4
BALÉ	1
TOTAL GERAL	8

Anexo 2:
Fichas da Pesquisa[1]

---

1 As informações concernentes às peças, bem como a grafia dos nomes próprios, são apresentadas aqui tal como aparecem nas fichas originais.

FONTE:	O ESTADO DE S.PAULO
EDIÇÃO:	23/7/1913
PÁGINA:	2 **INSERÇÃO:** RESENHA CRÍTICA E PROGRAMA
PEÇA:	ORDEM DO ESPETÁCULO: 1. A LINDA COMÉDIA EM UM ACTO DE VERNER: *SHULAMIS*; 2. A ENGRAÇADA COMÉDIA EM UM ACTO DE HASKEL: *DEPOIS DO CASAMENTO*; 3. MAGNÍFICA SÉRIE DE CANÇÕES NACIONAIS ISRAELITAS – TROUPE TSCHERPANOFF – CÉLEBRES BAILARINAS E CANTANTES RUSSAS; 4. A COMÉDIA DE SUCESSO EM UM ACTO, DE GOLDFADEN: *OS DOIS VAGABUNDOS*.
AUTOR:	
GÊNERO:	VARIEDADES

DATA/HORA:	23/7 – 20H30 **ANO:** 1913
LOCAL:	THEATRO SÃO JOSÉ
COMPANHIA:	COMPANHIA ISRAELITA DE VARIEDADES
CARÁTER:	PROFISSIONAL
EMPRESÁRIO:	BERNARDO MANDELBAUM AMANDIER
DIRETOR:	ARNOLD HASKEL
MÚSICA:	
EXECUÇÃO:	
ILUMINAÇÃO:	
PONTO:	

ATORES	PERSONAGENS

OBSERVAÇÕES:

CRÍTICA (PALCOS E CIRCOS – 24/7/1913 – P. 7)

"ESTREOU-SE, HONTEM, NESTE THEATRO A CIA. ISRAELITA DE VARIEDADES. REPRESENTARAM-SE TREZ ENGRAÇADAS COMÉDIAS, CUJO DESEMPENHO MERECEU DA NUMEROSA ASSISTÊNCIA FARTOS APLAUSOS. DO ESPECTACULO, NO ENTANTO, A PARTE QUE MAIS AGRADOU FOI A DAS CANÇÕES ISRAELITAS, ALGUMAS DAS QUAIS FORAM BISADAS."

[CONTINUA]

FICHA: 164

FONTE: O ESTADO DE S.PAULO
EDIÇÃO: 6 E 7/1/1928
PÁGINA: 3 E 6   **INSERÇÃO:** ANÚNCIO E PROGRAMA
PEÇA: VER PROGRAMA
AUTOR:
GÊNERO: OPERETA

DATA/HORA: 6 E 7/1 – **ANO:** 1928
LOCAL: THEATRO BOA VISTA
COMPANHIA: COMPANHIA ISRAELITA DE OPERETAS
CARÁTER: PROFISSIONAL
EMPRESÁRIO:
DIRETOR: VIERA KANIEVSKA E PAUL BREITMANN
MÚSICA:
EXECUÇÃO: D. BEIGELMANN
ILUMINAÇÃO:
PONTO:

ATORES   **PERSONAGENS**

OBSERVAÇÕES:
PROGRAMA
6/1/1928 – OPERETA EM 3 ACTOS DE SCHORA: "A MOCINHA DO INTERNATO". REGENDO A ORCHESTRA O MAESTRO D. BEIGELMANN.
7/1/1928 – OPERETA EM 3 ACTOS DE SCHORA: "AMOR NO CÁUCASO". DIRETOR DE ORCHESTRA: D. BEIGELMANN.

O 3º ESPETÁCULO FOI APENAS MENCIONADO. NADA CONSTA DE SUA APRESENTAÇÃO, TANTO NA SEÇÃO "PALCOS E CIRCOS", QUANTO NOS ANÚNCIOS. TAMBÉM NÃO EXISTE UMA RESENHA CRÍTICA RELATIVA AOS ESPETÁCULOS.

FICHA: 1

FONTE: ARQUIVO DO MUSEU DO TEATRO MUNICIPAL
EDIÇÃO: 8/11/1936
PÁGINA: **INSERÇÃO:**
PEÇA: DER FUTER (O PAI), PEÇA EM 3 ACTOS E 4 QUADROS
AUTOR: N/C
GÊNERO:

DATA/HORA: 8/11 – 21H **ANO:** 1936
LOCAL: TEATRO MUNICIPAL
COMPANHIA: COOPERATIVA ARTÍSTICA ISRAELITA
CARÁTER: PROFISSIONAL
EMPRESÁRIO:
DIRETOR: ITZCHAK LUBELTCHIC
MÚSICA:
EXECUÇÃO:
ILUMINAÇÃO:
PONTO:

ATORES PERSONAGENS
SAMUEL GOLDENBERG
LEISA MACIMOWA
REGINA LUBELTCHIC
JOSÉ WEINSTEIN
JACOB WELTMAN
IDEL LAKS
MOYSES GUTOVITCH

OBSERVAÇÕES:
CAPA DO PROGRAMA DESENHADA POR TARSILA AMARAL.

ANEXO 2: FICHAS DA PESQUISA   193

FICHA: 85

FONTE:	A GAZETA ISRAELITA DE SÃO PAULO
EDIÇÃO:	1/1/1937
PÁGINA:	8 **INSERÇÃO:** NOTÍCIA
PEÇA:	DER FREMDER
AUTOR:	J. GORDIN
GÊNERO:	

DATA/HORA:	27/12 **ANO:** 1936
LOCAL:	
COMPANHIA:	TEATRO ÍDICHE POPULAR STABILE
CARÁTER:	PROFISSIONAL
EMPRESÁRIO:	
DIRETOR:	
MÚSICA:	
EXECUÇÃO:	
ILUMINAÇÃO:	
PONTO:	

ATORES   **PERSONAGENS**

OBSERVAÇÕES:

FICHA: 90

FONTE:	A GAZETA ISRAELITA DE SÃO PAULO
EDIÇÃO:	14/6/1937
PÁGINA:	1 **INSERÇÃO:** ANÚNCIO
PEÇA:	SEU GRANDE SEGREDO (IHR GROISER SOD)
AUTOR:	
GÊNERO:	

DATA/HORA:	16/6 – 21H **ANO:** 1937
LOCAL:	CASINO ANTÁRTICA
COMPANHIA:	JENNY GOLDSTAIN (VISITA)
CARÁTER:	PROFISSIONAL
EMPRESÁRIO:	
DIRETOR:	I. LUBELCZYK
MÚSICA:	MAX GEBEL
EXECUÇÃO:	
ILUMINAÇÃO:	
PONTO:	

ATORES	PERSONAGENS
SOFIA RAFALOWICZ	
MILE CIPKUS	
ROSA LAKS	
REGINA LUBELCZYK	
BETTY KERCMAN	
HERMAN KLACKYN	
JOSEF WAINCHTAIN	
MOICHE GUTOWICH	
A. GOLDGERWYCHT	
ISAK LUBELCZYK	

OBSERVAÇÕES:

FICHA: 199

FONTE:	O ESTADO DE S.PAULO
EDIÇÃO:	4/6/1943
PÁGINA:	3 **INSERÇÃO:**
PEÇA:	CASAMENTO ALEGRE
AUTOR:	RICHTER
GÊNERO:	VARIEDADES

DATA/HORA:	6/6 – 21H **ANO:** 1943
LOCAL:	CASINO ANTÁRTICA
COMPANHIA:	COMPANHIA ISRAELITA DE COMÉDIAS
CARÁTER:	
EMPRESÁRIO:	
DIRETOR:	
MÚSICA:	
EXECUÇÃO:	
ILUMINAÇÃO:	
PONTO:	

ATORES   **PERSONAGENS**

OBSERVAÇÕES:

ÀS 21H DE DOMINGO PRÓXIMO, NO TEATRO DA RUA ANHANGABAÚ, A CIA. ISRAELITA DE COMÉDIA REPRESENTARÁ A PEÇA HUMORÍSTICA DE RICHTER, INTITULADA CASAMENTO ALEGRE COM A PARTICIPAÇÃO DE CONHECIDOS ARTISTAS ISRAELITAS. O ESPETÁCULO SE ENCERRARÁ COM NÚMEROS DE CANÇÕES E SKETCHS.
PALCOS E CIRCOS – 19/6/1943 – P. 2

ESPETÁCULO ISRAELITA NO SANTANA
"ÀS 21H DE AMANHÃ, NO T. SANTANA, UMA CIA. ISRAELITA DE COMÉDIA, CONSTITUÍDA POR ARTISTAS AQUI DOMICILIADOS, REPRESENTARÁ A PEÇA *ONDE ESTÁ A GENTILEZA?* O ESPETÁCULO SE ENCERRARÁ COM CANÇÕES E "SKTECHES" A CARGO DE ARTISTAS ESPECIALIZADOS."

FICHA: 561

FONTE:	CRÔNICA ISRAELITA
EDIÇÃO:	17/11/1944
PÁGINA:	1 **INSERÇÃO:** ANÚNCIO
PEÇA:	PORTUGUESES E JUDEUS NO DESCOBRIMENTO DO BRASIL
AUTOR:	
GÊNERO:	

DATA/HORA:	26/11 – 17H **ANO:** 1944
LOCAL:	CLUB ESCANDINAVO
COMPANHIA:	DEPTO. DE CULTURA E CASA DA JUVENTUDE
CARÁTER:	AMADOR
EMPRESÁRIO:	
DIRETOR:	
MÚSICA:	
EXECUÇÃO:	
ILUMINAÇÃO:	
PONTO:	

ATORES	PERSONAGENS

OBSERVAÇÕES:

1-INTRODUÇÃO DO *AUTO DA LUSITÂNIA* (GIL VICENTE); 2-CARTA MANDADA A EL-REY D. JOÃO III; 3-EXPLICAÇÕES; 4-DIÁLOGO SOBRE RESSURREIÇÃO.

FICHA: 20

FONTE: ARQUIVO DO MUSEU DO TEATRO MUNICIPAL
EDIÇÃO:
PÁGINA: **INSERÇÃO:** PROGRAMA
PEÇA: DER LEIDIG GUEIER (POR ACASO). PEÇA EM 3 ATOS.
AUTOR:
GÊNERO:

DATA/HORA: 21/10 – 21H   **ANO:** 1945
LOCAL: TEATRO MUNICIPAL
COMPANHIA:
CARÁTER:
EMPRESÁRIO:
DIRETOR: LEYBA MANDEL
MÚSICA:
EXECUÇÃO: MAESTRO ITALO IZZO
ILUMINAÇÃO:
PONTO: IDEL LAKS

ATORES	PERSONAGENS
JACOB VELTMAN	NUCHEM
GUITA GALINA	STELA
ROSA CIPKUS	BASCHE
MAX PERELMAN	BENI
SIMON BUCHALSKY	CHARLI
BERTHA AIS	SEIDI
BELA AIS	MALI
VICTOR GOLDBERG	MAIK
JAIME HIMELFARB	HORENSTEIN

OBSERVAÇÕES:

FICHA: 541

FONTE:	AONDE VAMOS
EDIÇÃO:	13/12/1945
PÁGINA:	18 **INSERÇÃO:**
PEÇA:	VUNTSHT MIR MAZEL TOV (DESEJE-ME SORTE)
AUTOR:	
GÊNERO:	

DATA/HORA:	16/12 – 21H **ANO:** 1945
LOCAL:	TEATRO MUNICIPAL
COMPANHIA:	MAX PERELMAN & GUITA GALINA
CARÁTER:	PROFISSIONAL
EMPRESÁRIO:	LEYBA MANDEL
DIRETOR:	
MÚSICA:	
EXECUÇÃO:	ORQUESTRA/MAESTRO LEON GOMBERG
ILUMINAÇÃO:	
PONTO:	IDEL LAKS

ATORES	PERSONAGENS
GUITA GALINA	
MAX PERELMAN	
MICHAL MICHALOVITCH	
ROSA CIPKUS	
B. BERGER	
SIMON BUCHALSKY	
BELA AIS	
JACOB WELTMAN	
R. ROSEN	
VICTOR GOLDBERG	

OBSERVAÇÕES:

FICHA: 295

FONTE: NOSSA VOZ
EDIÇÃO: 8/7/1948
PÁGINA: 2   **INSERÇÃO:** ANÚNCIO
PEÇA: O RISO SANGRENTO (DER BLUTIGER GELECHTER)
AUTOR: SCHOLEM ALEIKHEM
GÊNERO:

DATA/HORA: 10/7   **ANO:** 1948
LOCAL: T. MUNICIPAL
COMPANHIA: MORIS SCHWARTZ & CHARLOTTE GOLDSTEIN
CARÁTER: PROFISSIONAL
EMPRESÁRIO: V. VIPMANS
DIRETOR:
MÚSICA:
EXECUÇÃO:
ILUMINAÇÃO:
PONTO:

ATORES   **PERSONAGENS**

S. SZTROMER
ISRAEL FELDBOIM
LEON NAREPKIN
CHAVEL BUZGAN
CHANA FELDBOIM
KATIA PLAVINA
NATAN KLINGER
SACHA ROSENTHAL
RYFKA SZYLER

MARGOT SZTAINBERG

CLARA SZTRAMER

OBSERVAÇÕES:

11/7/1948	*ZURIK ZU ISRUEL*
13/7/1948	*VELVEL DI BALEBUSTE* COMÉDIA
15/7/1948	DESPEDIDA DA COMPANHIA COM O SEGUINTE PROGRAMA:

O HÓSPEDE VERDE – 1 ATO DE J. ROSENFELD

FRAGMENTO DE *SABATH ZVI*

TOBIAS, O LEITEIRO DE CHOLEM ALEICHEM

CONCERTO COM A PARTICIPAÇÃO DE MORRIS SCHWARTZ E TODA CIA.

O ELENCO É FORMADO POR ARTISTAS DO TEATRO SOLEIL DE BUENOS AIRES.

FICHA: 568

FONTE:	CRÔNICA ISRAELITA
EDIÇÃO:	14/1/1949
PÁGINA:	1 **INSERÇÃO:** ANÚNCIO
PEÇA:	DO MUNDO NADA SE LEVA
AUTOR:	
GÊNERO:	COMÉDIA

DATA/HORA:	24/2 – 20H30 **ANO:** 1949
LOCAL:	CINE TEATRO SÃO FRANCISCO
COMPANHIA:	GRUPO TEATRAL DA CASA DA JUVENTUDE
CARÁTER:	AMADOR
EMPRESÁRIO:	
DIRETOR:	N.C.
MÚSICA:	
EXECUÇÃO:	
ILUMINAÇÃO:	
PONTO:	

ATORES	PERSONAGENS

OBSERVAÇÕES:

RUA RIACHUELO, 258.

FICHA: 307

FONTE:	NOSSA VOZ	
EDIÇÃO:	19/5/1949	
PÁGINA:	5	**INSERÇÃO:**
PEÇA:	DER DORFS IUNG OU YEKEL BOILEN	
AUTOR:	LEON KOBRIN	
GÊNERO:	DRAMA	

DATA/HORA:	2/3 – 21H	**ANO:** 1949
LOCAL:	MUNICIPAL	
COMPANHIA:	YUGENT CLUB	
CARÁTER:	AMADOR	
EMPRESÁRIO:		
DIRETOR:	J. HOCHBERG	
MÚSICA:		
EXECUÇÃO:		
ILUMINAÇÃO:		
PONTO:		

ATORES	PERSONAGENS
L. AIZENBERG	HERSZ BER
R. HOCHBERG	JANKEL BOILEN
PÓLA RAINSZTAIN	NATACHA
MOICHE AGATOR	PROKOF
JACOB SCHIK (I. SZYK)	CHACE
MENDEL RESTNBOIM	NACHUM NOVACHLESKI
CLARA KAFTAL	CHAJKE
BIJNEM ORENSTEIN	ZALMAN

OBSERVAÇÕES:

FICHA: 78

FONTE:	ARQUIVO DO MUSEU TEATRO MUNICIPAL
EDIÇÃO:	
PÁGINA:	
INSERÇÃO:	PROGRAMA
PEÇA:	A CAMINHO DE JERUSALÉM (CENA DE LUTA DE LIBERTAÇÃO DE JERUSALÉM)
AUTOR:	URI ZIFRONI
GÊNERO:	

DATA/HORA:	22/10 – 21H **ANO:** 1950
LOCAL:	TEATRO MUNICIPAL
COMPANHIA:	
CARÁTER:	
EMPRESÁRIO:	LEON MANDEL E SIMAO BUCHALSKY
DIRETOR:	MUSICAL – ITALO IZZO
MÚSICA:	*KINERET* (CANÇÃO DO MAR AZUL DE JERUSALÉM), LETRA HAMEIRI, MÚSICA LAVRI
	ALU-ALU (ELES CHEGARÃO), LETRA BRAVIN, MÚSICA KLATZKIN.
EXECUÇÃO:	
ILUMINAÇÃO:	
PONTO:	

ATORES	PERSONAGENS
SONIA TURNER (AMADORA)	N.C.
AIZIK ROTMAN	
RIVKELE NEMETZ	
MICHEL MANDEL	
SIMÃO BUCHALSKY	
JOSÉ MANDEL	
DORA LUKSENBURG	
GRUPO DO "DROR"	
URI ZIFRONI (TENOR DE ISRAEL)	

OBSERVAÇÕES:

PATROCÍNIO DE SUA EXCIA. SR. SAMUEL MALAMUD, DD. CÔNSUL HONORÁRIO DE ISRAEL NO BRASIL.

URI ZIFRON – MEMBRO DAS RÁDIOS DE TEL-AVIV KOL ISRAEL E KOL SION

Bibliografia

Parte I

BROOK, Peter. *O Teatro e Seu Espaço*. Petrópolis: Vozes, 1970.

BERGER, John. *Modos de Ver*. Barcelona: Gustavo Gili, 1974.

CONRADO, Aldomar. *O Teatro de Meyerhold*. Rio de Janeiro: Civilização Brasileira, 1969.

ECO, Umberto. *As Formas do Conteúdo*. São Paulo: Perspectiva, 1974. [3. ed., 2001.]

GOGOL, Nicolai. *O Inspetor Geral*. Tradução de Augusto Boal e Gianfrancesco Guarnieri. São Paulo: Brasiliense, 1966.

GRAY, Camilla. *The Russian Experiment in Art 1863-1922*. London: Thames and Hudson, 1976.

MCLUHAM, Marshall; PARKER, Harley. *O Espaço na Poesia e na Pintura Através do Ponto de Fuga*. São Paulo: Hemus, 1975.

HESS, Walter. *Documentos Para a Compreensão da Pintura Moderna*. Lisboa: Livros do Brasil, 1969.

L'ARTE moderna: L'astrattismo. Milano: Fratelli Fabbri, 1967. V. 16.

MEYERHOLD, Vsevolod. *Le Théâtre théâtral*. Tradução de Nina Gourfinkel. Paris: Gallimard, 1973.

_____ . *Meyerhold on Theatre*. Tradução e organização de Edward Brown. London: Methuen, 1969.

_____ . *Meyerhold: Textos Teóricos*. Tradução de J.A. Hormijon. *Comunicación* 7 e 15 [vol. I e II]. Madrid: Alberto Corazón, 1968.

PAMORSKA, Krystyna. *Formalismo e Futurismo*. São Paulo: Perspectiva, 1972.

PEIXOTO, Fernando. *Maiakovski: Vida e Obra*. Rio de Janeiro: José Álvaro, 1969.

READ, Herbert. *A Arte de Agora, Agora*. São Paulo: Perspectiva, 1972.

206 ENSAIOS DE UM PERCURSO

RIPELLINO, Angelo Maria. *Maiakóvski e o Teatro de Vanguarda*. São Paulo: Perspectiva, 1971.

SCHNAIDERMAN, Boris. *A Poética de Maiakóvski Através de Sua Prosa*. São Paulo: Perspectiva, 1971.

SCHNAIDERMAN, Boris; CAMPOS, Augusto de; CAMPOS, Haroldo de (trads.). *Poemas de Maiakovski*. Rio de Janeiro: Tempo Brasileiro, 1969. [*Maiakóvski: Poemas*. 7. ed. São Paulo: Perspectiva, 2003.]

_____. *Poesia Russa Moderna: Nova Antologia*. São Paulo: Brasiliense, 1985. [*Poesia Russa Moderna*. 6. ed. São Paulo: Perspectiva, 2001.]

ZANINI, Walter. *Tendências da Escultura Moderna*. São Paulo: Cultrix, 1971.

Parte III

AN-SKI, Scholem. *O Dibuk: Entre Dois Mundos*. São Paulo: Perspectiva, 1988.

BUCHALSKI, Simão. *Memórias da Minha Juventude e do Teatro Ídiche no Brasil*. São Paulo: Perspectiva, 1995.

BUNSE, Heirinch A.W. *O Ídiche: A Língua Familiar dos Judeus da Europa Oriental e Sua Literatura*. Porto Alegre: Ed. da UFRGS, 1983.

D'AVERSA, Alberto. Novo Teatro de um Povo Antigo. *Revista "A Hebraica"*, São Paulo, out. 1966.

FALBEL, Nachman. *Estudos Sobre a Comunidade Judaica no Brasil*. São Paulo: Federação Israelita do Estado de São Paulo, 1984.

FRYSZMAN, Noemia Davidovich. O Teatro Ídiche nos Estados Unidos e Sua Influência na Cultura Norte-Americana. Simpósio Cultura Oriental e Cultura Ocidental. São Paulo, 1990. In: BEREZIN, Rifka (Coord.). *Anais...* São Paulo: FFLCH-USP, 1990.

FUSER, Fausto; GUINSBURG, J. A Turma da Polônia na Renovação Teatral Brasileira. In: SILVA, Armando Sérgio da (org.). *J. Guinsburg: Diálogos Sobre Teatro*. 2. ed. São Paulo: Edusp, 1992.

GUINSBURG, J. As Aventuras de um Teatro Errante. *Shalom Cultura*, São Paulo, n. 1.

_____. *Leone De'Sommi: Um Judeu no Teatro da Renascença Italiana*. São Paulo: Perspectiva, 1989.

GUINSBURG, J.; FALBEL, Nachman (org.). *Aspectos do Hassidismo*. São Paulo: B'nai Brith, 1971.

HARSHAV, Benjamin. *O Significado do Ídiche*. São Paulo: Perspectiva, 1990.

HUBERMAN, Ida; SCHREIBER, Nava. *The Closed Curtain: The Moscow Yiddish State Theater*. Tel Aviv: Bet Hatefutsot, 1980.

KAMINSKA, Ida. *My Life, My Theater*. New York: McMillan, 1973.

KRAUSZ, Rosa. *Problemas de Sociologia Judaica*. São Paulo: Centro Brasileiro de Estudos Judaicos, 1976.

LESSER, Jeffrey. *O Brasil e a Questão Judaica*. Rio de Janeiro: Imago, 1995.

NOY, Dov. *Folclore e Cultura Popular Judaicos*. São Paulo: Associação Universitária de Cultura Judaica, 1986.

ROSENFELD, Anatol. *O Teatro Épico*. São Paulo: São Paulo S.A., 1965.

SANDROW, Nahma. *Vagabond Stars*. New York: Harper & Row, 1977.

BIBLIOGRAFIA

Fontes Publicadas:

A CRÔNICA Israelita. Edições de setembro de 1938 a dezembro de 1946.
A EXPRESSÃO ARTÍSTICA entre os Antigos Hebreus. *O Estado de São Paulo*, 1 jun. 1980. Suplemento Cultural.
CIPIS, Boris. Entrevista. *Herança Judaica*. São Paulo, B'nai Brith, n. 75, ago. de 1989.
JUDEUS na Memória de São Paulo. Catálogo de Pesquisa do Departamento de Ciências Sociais da FFLCH/USP.
NOSSA VOZ. Edições de janeiro de 1954 a dezembro de 1955.
ZUCKER, Nechemias. *Fir doyres Idish teater: Di lebns-geshikhte fun Zina Rapel* (Quatro Gerações de Teatro Ídiche: Uma Biografia de Zina Rapel). Buenos Aires, [s/n], 1944.

Depoimentos:

CIPIS, Boris. Depoimento para Esther Priszkulnik. São Paulo, jan. de 1997.
NIMITZ, Riva. Depoimento para *Herança Judaica*, n. 75, ago. 1989.
RAINSTEIN, Póla. Depoimento para Esther Priszkulnik. São Paulo, fev. de 1995.

Imagens

a cidade de São Paulo e o teatro ídiche

FIG. 1: (*no alto*) *Teatro Municipal de São Paulo, em 1920.*

FIG. 2: (*abaixo*) *Vista do Vale do Anhangabaú, com o viaduto do Chá e o Teatro São José, à esquerda, e o Teatro Municipal, à direita, sem data.*

FIG. 3: *(no alto) O Cine Central em 1918, no Vale do Anhangabaú. Mais tarde, parte do pavimento inferior do edifício tornou-se o Teatro Cassino Antárctica.*

FIG. 4: *(abaixo) Vista da Estação e do Jardim da Luz, em 1949.*

FIG. 5: (*no alto*) *Rua XV de Novembro, primeira metade do século XX.*
FIG. 6: (*abaixo*) *A rua Direita, à noite, em 1928.*

FIG. 7: *(no alto) Vista aérea de São Paulo, com o edifício Martinelli em destaque, no centro, em 1938.*

FIG. 8: *(abaixo) Antigo edifício da centenária sinagoga Kehilat-Israel, já demolido, no bairro do Bom Retiro, na primeira metade do século XX. O atual prédio foi desativado em 2012 e está sendo reformado para abrigar o Memorial da Imigração Judaica.*

Uma família de atores do teatro ídiche no Brasil

FIG. 9: (*no alto*) Zina e Leizer Rappel.
FIG. 10: (*abaixo*) Jacó-Zeidel Tzipkus (Cipis) e Ite, pais de Zina.

FIG. 11: *Mile Cipkus, ator.*

FIG. 12: *Dois momentos de Mile no teatro*

FIG. 13: *Cartaz da opereta* A Mulher Má, *estrelada por Ester Perelman e Itzkhak Deutch, em 1933, com a participação de atores do teatro ídiche de São Paulo, entre os quais, Mile Cipkus.*

FIG. 14: *Cartaz de Tévye, o Leiteiro, de Scholem Aleikhem, com Leonel Sokolov no papel-título, no Teatro Cassino Antártica, em 1934.*

FIG. 15: *(no alto) Póla Rainstein e Abram Karpel em* Der Oifshtand (A Revolta), *encenada em 1940.*

FIG. 16: *(abaixo) Elenco de* Der Oifshtand (A Revolta), *1940, com, entre outros: Rubin Hochberg; Shachne Nusbaum, Mendel Steinhaus e Jacob Weltman, na primeira fila; Jacob Len, Hersch Fleisher, Póla Rainstein, Abram Karpel, Amalia (também Malia ou Mechle) Kaplanski e José Sendacz, na segunda; e Geni (Guinche)Kohn, na terceira.*

S. PAULO, 10 DE JANEIRO DE 1948 — A'S 21 HORAS
Emprêsa: A. GRIMALDI - E. BEZANZONI
Superintendente e Diretor Artístico: SALVATORE RUBERTI
VOLP VITMANS apresenta

NASCE UMA BANDEIRA

de BEN-HECHT
Versão autorizada — Idisch de SRA. ESTRIN BEN-AMI
Direção Artística: JACOB BEN-AMI
Direção de LUTHER ADLER — Assistente: JOSÉ MAURER
Música de: KURT WEILL — Arranjo musical de: ISAAC VAN GROVE
Cenografia segundo croquis de: ROBERT DAVIDSON — Nova York
Efeitos de luz: ENG. ISAAC GOODBAR

PERSONAGENS E INTÉRPRETES:

O narrador	Salomon Stramer
Tevia	JACOB BEN-AMI
Zelde	BERTA GERSTEN
David	José Maurer
Cantor litúrgico	Jakob Geeman
Rei Saul	Sascha Rosental
O ancião	Max Kloss
A idade média	Natan Klinger
O jovem	Israel Feldbaum
Rei David	Margot Steinberg
Rei Salomon	Aaron Alexandrof
Delegado americano	Max Kloss
Delegado russo	Sascha Rosental
1.º Delegado inglês	Natan Klinger
2.º Delegado inglês	Leon Narepki
Delegado francês	Gregorio Zukelman
1.º Soldado	Aaron Alexandrof
2.º Soldado	Salomon Stramer
3.º Soldado	Israel Feldbaum

Cenários: CASA HORNOS — Vestuários: CASA SCHINDLER
Adereços: CASA DIAS — Cabeleireiro: GARDE
Ponto: GREGORIO ZUKELMAN

CHOCOLATES KOPENHAGEN "FABRICAÇÃO DE ESPECIALIDADES EM CHOCOLATES"
Lojas — Matriz: Rua Dr. Miguel Couto, 11 - Tel : 3-3166
Filiais: Rua Dr. Miguel Couto, 25 - Tel.: 2-4427 — Rua Barão Itapetininga, 92 - Tel : 4-3946
NOVA Filial: R. S. Bento, 82 - Tel. 2-6733 — Filiais: no Rio e em Santos

Casa Fachada PRESENTES QUE SEMPRE AGRADAM.
PERFUMARIAS E ESPECIALIDADES
PRAÇA PATRIARCA N.º 27   NACIONAIS E ESTRANGEIRAS

Livraria Nobel S. A. R. da Consolação, 49 (em frente a Biblioteca) — Fone: 4-5612
Livros em Língua Portuguêsa, Inglêsa, Italiana, Francesa e Alemã. Especialidade em Livros para Crianças.

FIG. 17: (ao lado, no alto) Excerto do anúncio do espetáculo Di Karten Varfern (A Cartomante), opereta de Scholem Prizament com os atores Isucher Handfuss e Berta Ajs.

FIG. 18: (ao lado, abaixo) Manuscrito de trecho de Sonho de Goldfaden, de I. Mangor.

FIG. 19: Anúncio do espetáculo Nasce uma Bandeira, em 1948, com Jacob Ben-Ami e Berta Gerstein no elenco, por ocasião do surgimento do Estado de Israel.

FIG. 20: *Elenco do grupo do Centro Cultura e Progresso em* Uriel Acosta, *de Karl Gutskov, dirigido por Rubin (Roberto) Hochberg, encenado no Teatro Municipal, em 1947. Na foto, aparecem, entre outros: Wolf Huberman, Leib Ajzenberg; Rubin Hochberg (sexto à partir da esquerda), Póla Rainstein, Mendel Steinhaus e Mendel Kestenbaum, na frente; Jaime Galperin, o contrarregra está em pé, ao fundo.*

FIG. 21: *Cartaz do espetáculo.*

FIG. 22: (*no alto*) Encontro com Jacob Waislitz, famoso o ator e diretor polonês, em sua estada no Brasil, nos anos de 1940. Entre outros, vê-se José Sendacz, Miriam Len, sr. Zilber, Lola Kopelman, Mendel Steinhaus, Póla Rainstein, Leib Ajzenberg, Guinche Kohn, Mendel Kestenbaum. Jacob Len, Mendel Wolak, sr. Stein, Abram Karpel, Menachem Kopelman, Binem Orenstein e Mulie Goldstein.

FIG. 23: (*embaixo*) Leitura de peça pelos atores amadores do Centro Cultura e Progresso, então dirigidos por Roberto Hochberg, no centro, tendo à esquerda Geni (Guinche) Kohn e à direita Póla Rainstein, Mendel Kestenbaum, Leib Ajzenberg. Na fila detrás, Wolf Huberman, Mendel Steinhaus e Jaime Galperin.

FIG. 24: *(no alto) Reunião de membros para discutir o lançamento de campanha para a construção do Icib. Estão presentes à mesa Isaac Naspitz (de costas), Godel Kon (à esquerda), José Sendacz, Bernardo Lifschitz, Manoel Kassoy, Menachem Kopelman, Henrique Golombek e Luzer Goldbaum.*

FIG. 25: *(embaixo) Lançamento da pedra fundamental do Icib, em junho de 1944.*

```
Sonho de Goldfaden (Apresent. Teatro Municipal - 1948)
Arquivo Pola Reinstein (Fotos)
FOTO I - "O Grupo (elênco com"Yankev Rotbaum" (diretor))
Da esq. para a direita, 1ª fila:
1 - Amélia Kaplanski
2 - Yankev Rotbaum
3 - Tema ........
4 - Pola Reinstein
2ª FILA
1 - Lola Kopelman
2 - Berta Huberman
3 - Clara Kaftal
4 - Guintche Kohn
3ª FILA
1 - Binen Orenstein
2 - ...... Huberman
3 - Lejbl Ayzenberg.
```

FIG. 26: *Arquivo de Póla Rainstein documentando a apresentação de* O Sonho de Goldfaden, *em 1948, no Teatro Municipal, sob a direção de Jacob Rotbaum, pelo grupo de amadores do Cultura e Progresso.*

FIG. 27: *O grupo de amadores Cultura e Progresso na cena da feira na aldeia de* O Sonho de Goldfaden, *com direção de Jacob Rotbaum, no Teatro Municipal, em 1948.*

FIG. 28: *Cena final de* O Sonho de Goldfaden *na encenação de 1962. Na frente do palco, o diretor Jacob Rotbaum; atrás, no elenco, Binem Orenstein, Guinche Kohn, Jacob Schik, Clara Kaftal, Mendel Steinhaus, Póla Rainstein, Balbina Sigulem, Mendel Kestenbaum.*

FIG. 29: Dos Groisse Gevin (*A Sorte Grande*), de Scholem Aleikhem, no Teatro Santana.

FIG. 30: *(no alto) Encontro da comunidade e atores amadores com o diretor e ator Morris Schwartz, em São Paulo, na década de 1950.*

FIG. 31: *(abaixo) Ensaio do coro Schaefer, em 1959. Entre outros integrantes, vemos Balbina Sigulem, Leike Steinhaus e sra. Waiskop, o maestro Ernesto Henigsberg, Sarinha Goldbaum, Malia Wolak, Póla Rainstein e Hugueta Sendacz, na frente; na fila do fundo, sr. Herszkowicz, Maier Maierovitch, Mendel Steinhaus, Shie Sussin e Mayer Kohn*

TEATRO MUNICIPAL
Instituto Cultural Israelita Brasileiro

DIA 29 DE AGOSTO DE 1959 AS 20,30 HORAS

COMERARAÇÃO DO CENTENARIO DO NASCIMENTO DO GRANDE ESCRITOR E DRAMATURGO ISRAELITA

SCHOLEM ALEICHEM

POGRAMA : 1 — ABERTURA SOLENE

2 — SWER ZU ZAIN A ID

(Comedia em 3 atos com prologo, de SCHOLEM ALEICHEM)

Direção: Jacob Kurlender

Representado pelo elenco do I. C. I. B.

טעאטער · מוניציפאל

יידיש - בראזי.ליאנער קולטור - אינסטיטוט

יידיש - בראזיליאנער קולטור - פארבאנד „איקוף"

שבת. דעם. 29־טן אויגוסט 1959, 20.30. אזייגער, פייערלעכער

ספעקטאקל צום הונדערטסטן געבוירן יאר פון

שלום · עליכם

פראגראם :

1 — דערעפענונג

2 — „דער בלוטיקער שפאס" (שווער צו זיין א ייד) קאמעדיע אין 3 אקטן מיט א פראלאג פון שלום עליכם. אויסגעפירט פון טעאטער־אנסאמבל ביים פאלקס־הויז.

רעזשי : יעקב קורלענדער

FIG. 32: *Cartaz de evento comemorativo do centenário de nascimento de Scholem Aleikhem, com a apresentação do grupo de amadores do Icib da comédia em três atos* É Difícil Ser Judeu, *em 1959*

FIG. 33: *O diretor e ator Jacob Kurlender.*

FIG. 34: (no alto) *Apresentação de É Difícil Ser Judeu, de Scholem Aleikhem, com direção de Jacob Kurlender e, no elenco, Mendel Steinhaus, Clara Kaftal, Leib Ajzenberg, Hugueta Sendacz.*

FIG. 35: (abaixo) Elenco com Póla Rainstein, o diretor Kurlender, Jacob Schik, Jacob Len, Mendel Steinhaus, Guinche Kohn, Clara Kaftal, Hugueta Sendacz e Leib Ajzenberg, ao final da apresentação

FIGS. 36 e 37: *Inauguração do Teatro de Arte Israelita Brasileiro – Taib, em outubro de 1960, destacando as presenças de Francisco Abramovitch, José Sendacz, Manoel Kassoy, Jacob Len, Jacob Wolfensohn, Julinho Toporowski, Póla Rainstein e Balbina Sigulem.*

FIGS. 38 e 39: O Sonho de Goldfaden, *em apresentação de 1962: no alto, Póla Rainstein como Mirele, abaixo, Clara Kaftal e Mendel Kestenbaum.*

FIG. 40: *Desenho com instruções de direção para a caracterização da personagem Mirele, de* O Sonho de Goldfaden.

FIG. 41: *Leib Ajzenberg, Póla Rainstein e Moshe Agateer em* Tife Vortzlen (*Raízes Profundas*), *dirigido por Jacob Kurlender.*

FIG. 42: *O elenco da peça, com Leib Ajzenberg, Póla Rainstein, Clara Kaftal, Jacob Kurlender, Lola Kopelman, Moishe Agater e Jacob Schik reunidos no palco.*

COLEÇÃO ESTUDOS (LANÇAMENTOS RECENTES)

190. *Pós-Brasília: Rumos da Arquitetura Brasileira,* Maria Alice Junqueira Bastos
191. *Entre Passos e Rastros,* Berta Waldman
192. *Depois do Espetáculo,* Sábato Magaldi
193. *Franz Kafka: Um Judaísmo na Ponte do Impossível,* Enrique Mandelbaum
194. *Em Busca da Brasilidade,* Claudia Braga
195. *O Fragmento e a Síntese,* Jorge Anthonio e Silva
196. *A Análise dos Espetáculos,* Patrice Pavis
197. *Preconceito Racial: Portugal e Brasil-Colônia,* Maria Luiza Tucci Carneiro
198. *Nas Sendas do Judaísmo,* Walter I. Rehfeld
199. *O Terceiro Olho,* Francisco Elinaldo Teixeira
200. *Maimônides, O Mestre,* Rabino Samy Pinto
201. *A Síntese Histórica e a Escola dos Anais,* Aaron Guriêvitch
202. *Cabala e Contra-História,* David Biale
203. *A Sombra de Ulisses,* Piero Boitani
204. *Samuel Beckett: Escritor Plural,* Célia Berrettini
205. *Nietzsche e a Justiça,* Eduardo Rezende Melo
206. *O Canto dos Afetos: Um Dizer Humanista,* Ibaney Chasin
207. *As Máscaras Mutáveis do Buda Dourado,* Mark Olsen
208. *O Legado de Violações dos Direitos Humanos no Cone Sul,* Luis Roniger e Mario Sznajder
209. *Tolerância Zero e Democracia no Brasil,* Benoni Belli
210. *Ética contra Estética,* Amelia Valcárcel
211. *Crítica da Razão Teatral,* Alessandra Vannucci (org.)
212. *Os Direitos Humanos na Pós-Modernidade,* José Augusto Lindgren Alves
213. *Caos / Dramaturgia,* Rubens Rewald
214. *Crítica Genética e Psicanálise,* Philippe Willemart

215. *Em que Mundo Viveremos?*, Michel Wieviorka
216. *Desejo Colonial*, Robert J. C. Young
217. *Para Ler o Teatro*, Anne Ubersfeld
218. *O Umbral da Sombra*, Nuccio Ordine
219. *Espiritualidade Budista I*, Takeuchi Yoshinori
220. *Entre o Mediterrâneo e o Atlântico*, Maria Lúcia de Souza Barros Pupo
221. *As Nazi-tatuagens: Inscrições ou Injúrias no Corpo Humano?*, Célia Maria Antonacci Ramos
222. *Memórias de Vida, Memórias de Guerra*, Fernando Frochtengarten
223. *Sinfonia Titã: Semântica e Retórica*, Henrique Lian
224. *Metrópole e Abstração*, Ricardo Marques de Azevedo
225. *Yukio Mishima: o Homem de Teatro e de Cinema*, Darci Yasuco Kusano
226. *O Teatro da Natureza*, Marta Metzler
227. *Margem e Centro*, Ana Lúcia Vieira de Andrade
228. *A Morte da Tragédia*, George Steiner
229. *Ibsen e o Novo Sujeito da Modernidade*, Tereza Menezes
230. *Ver a Terra: Seis Ensaios sobre a Paisagem e a Geografia*, Jean-Marc Besse
231. *Em Busca de um Lugar no Mundo*, Silvia Gombi dos Santos
232. *Teatro Sempre*, Sábato Magaldi
233. *O Ator como Xamã*, Gilberto Icle
234. *A Idéia de Cidade*, Joseph Rykwert
235. *A Terra de Cinzas e Diamantes*, Eugenio Barba
236. *A Literatura da República Democrática Alemã*, Ruth Röhl e Bernhard J. Schwarz
237. *A Ostra e a Pérola*, Adriana Dantas de Mariz
238. *Tolstói ou Dostoiévski*, George Steiner
239. *A Esquerda Difícil*, Ruy Fausto
240. *A Crítica de um Teatro Crítico*, Rosangela Patriota
241. *Educação e Liberdade em Wilhelm Reich*, Zeca Sampaio
242. *Dialéticas da Transgressão*, Wladimir Krysinski
243. *Viaje a la Luna*, Reto Melchior
244. *1789-1799: A Revolução Francesa*, Carlos Guilherme Mota
245. *Proust: A Violência Sutil do Riso*, Leda Tenório da Motta
246. *Ensaios Filosóficos*, Walter I. Rehfeld
247. *O Teatro no Cruzamento de Culturas*, Patrice Pavis
248. *Ensino da Arte: Memória e História*, Ana Mae Barbosa (org.)
249. *Eisenstein Ultrateatral*, Vanessa Oliveira
250. *Filosofia do Judaísmo em Abraham Joshua Heschel*, Glória Hazan
251. *Os Símbolos do Centro*, Raïssa Cavalcanti
252. *Teatro em Foco*, Sábato Magaldi
253. *Autopoiesis. Semiótica. Ecritura*, Eduardo Elias
254. *A Arte do Ator*, Ana Portich
255. *Violência ou Diálogo?*, Sverre Varvin e Vamik D. Volkan (orgs.)
256. *O Teatro no Século XVIII*, Renata S. Junqueira e Maria Gloria C. Mazzi
257. *Poética do Traduzir*, Henri Meschonnic
258. *A Gargalhada de Ulisses*, Cleise Furtado Mendes
259. *Dramaturgia da Memória no Teatro-Dança*, Lícia Maria Morais Sánchez
260. *A Cena em Ensaios*, Béatrice Picon-Vallin
261. *Introdução às Linguagens Totalitárias*, Jean-Pierre Faye
262. *O Teatro da Morte*, Tadeusz Kantor
263. *A Escritura Política no Texto Teatral*, Hans-Thies Lehmann
264. *Os Processos de Criação na Escritura, na Arte e na Psicanálise*, Philippe Willemart

265. *Dramaturgias da Autonomia*, Ana Lúcia Marques Camargo Ferraz
266. *Música Serva D'Alma: Claudio Monteverdi – Ad voce Umanissima*, Ibaney Chasin
267. *Na Cena do dr. Dapertutto*, Maria Thais Lima Santos
268. *A Cinética do Invisível*, Matteo Bonfitto
269. *História e Literatura*, Francisco Iglésias
270. *A Politização dos Direitos Humanos*, Benoni Belli
271. *A Escritura e a Diferença*, Jacques Derrida
273. *Outro Dia: Intervenções, Entrevistas, Outros Tempos*, Ruy Fausto
274. *A Descoberta da Europa pelo Islã*, Bernard lewis
275. *Luigi Pirandello: Um Teatro para Marta Abba*, Martha Ribeiro
276. *Tempos de Casa-Grande (1930-1940)*, Silvia Cortez Silva
277. *Teatralidades Contemporâneas*, Sílvia Fernandes
278. *Conversas sobre a Formação do Ator*, Jacques Lassalle e Jean-Loup Rivière
279. *Encenação Contemporânea*, Patrice Pavis
280. *O Idioma Pedra de João Cabral*, Solange Rebuzzi
281. *Monstrutivismo: Reta e Curva das Vanguardas*, Lucio Agra
282. *Manoel de Oliveira: Uma Presença*, Renata Soares Junqueira (org.)
283. *As Redes dos Oprimidos*, Tristan Castro-Pozo
284. *O Mosteiro de Shaolin: História, Religião e as Artes Marciais Chinesas*, Meir Shahar
285. *Cartas a uma Jovem Psicanalista*, Heitor O´Dwyer de Macedo
286. *Gilberto Gil: A Poética e a Política do Corpo*, Cássia Lopes
287. *O Desafio das Desigualdades: América Latina / Ásia: Uma Comparação*, Pierre Salama
288. *Notas Republicanas*, Alberto Venancio Filho
289. *Mística e Razão: Dialética no Pensamento Judaico*, Alexandre Leone
290. *O Espaço da Tragédia: Na Cenografia Brasileira Contemporânea*, Gilson Motta
291. *A Cena Contaminada*, José Tonezzi
292. *O Homem e a Terra*, Eric Dardel
293. *A Simulação da Morte*, Lúcio Vaz
294. *A Gênese da Vertigem*, Antonio Araújo
295. *História do Urbanismo Europeu*, Donatella Calabi
296. *Trabalhar com Grotowski*, Thomas Richards
297. *A Fragmentação da Personagem*, Maria Lúcia Levy Candeias
298. *Judeus Heterodoxos: Messianismo, Romantismo, Utopia*, Michael Löwy
299. *Alquimistas do Palco: Os Laboratórios Teatrais na Europa*, Mirella Schino
300. *Palavras Praticadas: O Percurso Artístico de Jerzy Grotowski, 1959-1974*, Tatiana Motta Lima
301. *Persona Performática: Alteridade e Experiência na Obra de Renato Cohen*, Ana Goldenstein Carvalhaes
302. *Qual o Espaço do Lugar? Geografia, Epistemologia, Fenomenologia*, Eduardo Marandola Jr.; Werther Holzer; Lívia de Oliveira (orgs.)
303. *Como Parar de Atuar*, Harold Guskin
304. *Metalinguagem e Teatro: A Obra de Jorge Andrade*, Catarina Sant'Anna
305. *Apelos*, Jacques Copeau
306. *Ensaios de um Percurso: Estudos e Pesquisas de Teatro*, Esther Priszkulnik
307. *Função Estética da Luz*, Roberto Gill Camargo
308. *O Interior da História: Historiografia Arquitetônica para uso de Latino-Americanos*, Marina Waisman
309. *O Cinema Errante*, Luiz Nazario
310. *A Orquestra do Reich: A Filarmônica de Berlim e o Nacional-Socialismo, 1933-1945*, Misha Aster
312. *Eros na Grécia Antiga*, Claude Calame

Este livro foi impresso na cidade de São Paulo,
nas oficinas da Markpress Brasil, em março de 2013,
para a Editora Perspectiva.